Les maisons de Bretagne

Cet ouvrage est publié à l'initiative de l'association Tiez Breiz, dont le but est la connaissance, la sauvegarde et la restauration respectueuse de l'architecture de Bretagne.
Tiez Breiz
10, rue du Général Nicolet
35200 Rennes

COLLECTION HOUSE BOOK

Direction de collection
JEAN-JACQUES BRISEBARRE

Conception graphique et mise en page
ATELIER CLAUDETTE BELLIARD

Secrétariat d'édition
IRÈNE NOUAILHAC

Réalisation et production
ARCHIPEL CONCEPT, PARIS - GRIGNAN

Les maisons de Bretagne

Textes et dessins de

Fons de Kort

Tiez Breiz

House Book
Éditions Eyrolles

Sommaire

Introduction

« Et nous savons que l'interprétation de la vie est la fonction véritable de l'architecte, car nous savons que les maisons sont faites pour la vie, pour que des gens y vivent et y vivent heureux, qu'elles sont organisées pour contribuer à cette joie de vivre dans la beauté ».

Dans L'Avenir de l'architecture *par F.-L. Wright - 1953*

Plus qu'ailleurs en France, la maison traditionnelle, en Bretagne, fait partie du paysage, prolonge pour ainsi dire le sol et correspond au caractère des hommes et des femmes qui ont composé ce pays aux mille et une facettes. C'est une terre avec son histoire propre et bien distincte du reste de la France.

Une histoire riche d'événements et de passions, riche de grands hommes ambitieux et de marins ou de paysans pauvres aux savoir-faire souvent sans faille. C'est une terre où les habitants ont développé leurs traditions particulières dans lesquelles la foi ardente côtoie la vérité de tous les jours et où le surnaturel fait bon ménage avec la réalité.

C'est une région dont les côtes profondément découpées façonnent des centaines de criques, d'anses, d'abers, d'estuaires et d'îles, des sites tantôt riants, tantôt étranges, tantôt sauvages, parfois paisibles, parfois inattendus, souvent impressionnants.

C'est une péninsule profondément marquée par un cataclysme géologique il y a 500 millions d'années formant des montagnes, certes pas très élevées (300 m) mais avec des crêtes escarpées dignes des Alpes et qui dominent un paysage de pierres affleurant le sol, de forêts, de rivières et de couleurs.

Comme on dit : tel père, tel fils, on peut dire aussi : tel pays, tel habitat.

La très grande diversité de ce qui fait le territoire implique forcément une

non moins grande et superbe diversité des « demeurances » du peuple qui l'occupe. Pas de « maison bretonne » donc, mais « des maisons bretonnes » !

Il s'en suit une lecture méticuleuse, au cas par cas, de chaque logis, de chaque appentis, de chaque autre dépendance, avant d'entreprendre une restauration, une rénovation ou un aménagement. Autrement dit, il y a lieu de mettre logiquement en application la formule : « regarder, constater, réfléchir », permettant ainsi de « respecter, de bien faire et de transformer un art de vivre ancien en art de vivre pour aujourd'hui ».

Allons plus loin encore. Il faut arriver à une juste appréciation de cet héritage résultant du savoir-faire de générations et de générations de Bretons, d'observations fines de l'environnement naturel de père en fils, du bon goût et de la pudeur transmis de mère en fille, du sens pratique et du pragmatisme de lignées d'hommes de la terre, de pêcheurs et d'artisans. Seule cette juste appréciation peut permettre d'être des héritiers fidèles soucieux de conserver pour transmettre. Mieux encore, cette juste appréciation nous permet de nous connaître mieux et donc d'être plus aptes à transformer ou à bâtir à notre tour sans tomber dans les pièges du pastiche ou sans recourir à des recettes prétendant traduire une authenticité régionale.

En résumé, pendant des siècles, l'art de construire, pour les Bretons, était une perpétuelle recherche afin d'élever des bâtisses en fonction d'un climat, en tirant les matériaux du sol sur lequel on construisait ou en utilisant la végétation proche et pour être en concordance avec la manière de vivre et de travailler selon les critères de leur pays et de leur époque.

Carte de la Bretagne et des principaux types de maisons traditionnelles qui la concernent. On ne peut pas parler d'une maison bretonne, mais d'une multitude de déclinaisons selon les régions, les expositions et les natures géologiques.

Lire la maison

« Ainsi les plans des villes ne sont pas de simples diagrammes : ce sont des systèmes de hiéroglyphes au moyen desquels l'homme a écrit l'histoire de la civilisation : plus le désordre apparent est grand, plus nous serons récompensés si nous arrivons à le déchiffrer ».

P. Geddes, dans *Cities in Evolution*, 1915

Ce moulin à Plouégat-Guérand, complètement en ruine il y a quelques années encore, est aujourd'hui remarquablement restauré « à l'identique ».

La diversité

Jalonnés de croix, de menhirs, de calvaires et de moulins, de chapelles et de fontaines, de manoirs, de clochers et de hameaux, les chemins bretons nous mènent invariablement vers une cour de ferme, vers un petit village, vers un bourg cossu. Et toujours on découvre, toujours on est surpris, tant le tableau qui se présente à chaque détour de route diffère du précédent.

Une maison presque dans la mer, à Ouessant.

Page de gauche. À Quistinic, le charme et la douceur de la pierre d'un puits entouré d'un peu de verdure.

Les lignes classiques d'une malouinière.

C'est bien là l'une des premières caractéristiques de l'habitat traditionnel en Bretagne.

Il n'y a pas de maison type. À chaque maison sa personnalité propre. À cela beaucoup de raisons bien sûr, sur lesquelles nous reviendrons au fur et à mesure.

Faisons d'abord le constat de l'extraordinaire diversité. Pas de ressemblance entre l'habitat du pêcheur et celui du paysan ou entre le logis imposant du julod léonard et celui, tout modeste, du carrier près de Redon. La longère implantée dans les polders autour du mont Saint-Michel où prime l'esprit du pratique, n'a pas beaucoup de rapport avec la petite ferme à colombages de Melesse, avec la maison de paludier, toute basse et flanquée d'appentis, dans la Brière, ni avec celle des monts d'Arrée où l'avancée permet l'installation d'une table, ni avec telle ou telle ferme – manoir aux belles lucarnes Renaissance –, ni avec le petit logis d'éclusier, le long du canal de Nantes à Brest, bien tiré au cordeau.

La malouinière, d'ordonnance toute classique sous son grand toit d'ardoise, diffère complètement de la maison des chanoines à Landunvez, toute rustique et robuste, comme elle ne ressemble en rien au presbytère si joli-

ment organisé des Iffs, près de Rennes. Aucune des trois n'a l'air d'appartenir à la même famille que ces fermes, aux environs de Pontivy, presque manoirs des paysans fortunés, constructions ornées de coquilles, de torsades, de guirlandes, de frontons et bien différentes des bâtisses fières et puissantes des tisserands de Pleyber-Christ, ou de ces véritables « résidences » que sont les maisons des maîtres de forge.

L'habitation est plutôt austère sur l'île d'Ouessant, confortable et aux proportions particulièrement heureuses sur l'île de Batz, gaie et chaleureuse, entourée des plantes les plus exubérantes sur l'île de Bréhat, solide et un peu recroquevillée sur elle-même sur l'île de Groix.

L'ondulation d'un toit de chaume échancré autour des fenêtres à Quistinic dans le Morbihan, les grosses dalles de pierre en couverture de la maison des douaniers au Ménezham, la toiture en tuileaux rendant encore plus raffinée la demeure du marchand toilier à La Boulaye et la raideur du toit d'ardoises d'une maison de maître très dépouillée, avec étage et aile de retour, dans le Trégor, n'ont a priori pas beaucoup de choses en commun.

Un petit habitat rustique, aux murs faits de dalles de schiste debout et aux justes proportions. Maison restaurée par l'association Tiez-Breiz.

*Croix des chemins,
chaumières,
longères,
autant d'éléments
d'une architecture
spontanée
qui font l'âme
et la personnalité
de la Bretagne.*

L'heureuse cohabitation
d'un petit moulin,
d'un solide manoir
et d'une demeure « vraie ».

La couleur

À cette variété de formes et de volumes s'ajoute, conséquence de la variété des matériaux employés, une palette de couleurs et de tons qui est de toute beauté et qui fait de la Bretagne un tableau perpétuellement en train de se peindre. Une simple énumération de certains pris au hasard en est la meilleure illustration.

■ **Le schiste pourpré** domine dans le pays de Brocéliande. Le schiste presque noir, bien délité, se voit autour de Morlaix. Plus bas, vers Huelgoat, le ton est donné par le granite gris clair, et aux environs de Plouigneau, la trondhjémite, roche blanchâtre, contraste fortement avec les quartzites sombres dans le même secteur.

Autour de Saint-Malo-de-Phily, le sable marin fossile donne aux murs des tons bien particuliers. Près de la côte, à Perros-Guirec, ce sont les pierres rosâtres qui donnent aux maisons la couleur du pays, tandis qu'à Loquirec, près de la mer, ce sont les toits aux ardoises bleu-vert.

■ **La couleur ocre** des maisons de terre aux environs de Rennes contraste étonnamment avec les schistes grisâtres ou avec les nombreuses constructions entièrement faites en briques, dans toutes les nuances de rouge, de ce même bassin rennais.

Près de Montfort, la façade en poudingue pourpré est à l'opposé du tuffeau blanc et tendre, presque doux au toucher, qui règne du côté de Nantes, comme le schiste gris verdâtre des environs de Vitré, avec les différentes teintes des enduits à la chaux qui se colorent selon les sables employés.

■ **Le grès rose** lisse avec de fins points blancs d'Erquy, le grès rouillé du centre de la Bretagne, les galets de granite constituant les murs à Quiberon, le schiste lie-de-vin dans le sud du bassin de Rennes, la pratique du chaulage çà et là, le falun du Quiou, le quartzite brillant et presque lumineux, les grès rouges entre Redon et Rennes, du granite rugueux sous la main, beige, gris clair, gris-noir, gris-bleu…

Que de couleurs ! Quel superbe patchwork ! Quel tableau de maître !

Matériaux des murs, couleurs des huisseries et végétation abondante au jardin forment une véritable palette de peintre.

Page de gauche. L'habitat rural évoluait au gré des besoins de la famille ou de l'exploitation. Sensibilité et harmonie sont pourtant partout présentes, même lorsque la maison affiche côte à côte ses multiples remaniements architecturaux, comme dans cette maison de Saint-Cadou, dans le Finistère, où un mur de schiste sombre est accolé à une façade à l'enduit lisse et clair.

Double page suivante. À Bon-Repos, près de Landerneau, l'eau de la mer, la végétation, le granite qui compose les murs et les ardoises qui couvrent la construction ne font qu'un, dans un véritable mimétisme qui allie la nécessité de se loger au plaisir des yeux.

L'implantation

À la variété de formes et de couleurs, s'ajoute avec bonheur une extraordinaire variété d'implantations de maisons, isolées ou groupées.

Ceci est bien entendu lié à l'environnement immédiat, au climat, à la raison première de la construction, en fonction d'une structure sociale, d'une manière d'être de son temps.

Issue du terroir qui l'entoure, la maison rurale sait se faire discrète et se fondre dans le paysage quelle que soit la saison.

Page de droite. En pleine mer, sur l'île de Sein où le vent ne manque pas, les maisons se tapissent pour se confondre avec le sol et se protègent mutuellement.

La Bretagne étant un pays où la terre et la mer ne font qu'un, où les landes océaniques alternent avec les bocages organiques, où les marais et les vasières abondent, où les rivières et les ruisseaux circulent en grande quantité entre les bois et les prairies, où les vents vont dans tous les sens et où les brumes et les pluies changent d'heure en heure, il va de soi que le choix de l'implantation d'un habitat ou d'un lieu de travail est fondamental pour des gens de bon sens dans un tel pays.

Quoi de plus impératif en effet, de plus logique tout bonnement, que de tout faire pour se protéger le plus efficacement possible contre ce qui, d'une manière ou d'une autre, nuit au confort, est ressenti comme désagréable, contre tout ce qui empêche qu'une famille s'épanouisse pleinement, contre tout ce qui complique les conditions de travail ?

Confronté aux changements climatiques incessants, aux caprices presque imprévisibles des tempêtes, le Breton, au fil du temps, a merveilleusement bien appris à s'adapter, à s'arc-bouter, à se tasser, à se protéger, à profiter des expériences vécues, tel un skipper qui, sur son trimaran, affronte les mers tantôt déchaînées, tantôt d'un calme plat désespérant.

Être proche d'un point d'eau – source de vie –, là où il y a un travail possible – bordure de mer, forêt, terre exploitable, sous-sol particulier, etc. –, pas trop éloigné d'une voie de communication – terrestre, fluviale, maritime – et dans des endroits autant que possible abrités, tels sont, bien sûr, les critères premiers pour décider du lieu précis où s'établir.

Ensuite, tous les cas de figure se présentent

Dans la zone côtière, la maison se tasse, se glisse dans les moindres anfractuosités de la roche et fait corps avec le sol pour résister aux vents violents et à la puissance des vagues. Dans l'intérieur au contraire, elle gagne en hauteur.

Dans un hameau se côtoient les habitations, les écuries, les soues, les étables, les granges, les abris pour le matériel de ferme. Ces constructions aux volumes différents

forment plus ou moins, autour d'une cour, un ensemble cohérent dans lequel chaque élément est orienté en fonction des vents, des pluies, des brouillards. Par contre, la maison isolée n'a d'autre choix que de s'abriter le mieux qu'elle peut derrière une colline, un rocher, une dune, un bosquet ou, à défaut, derrière un muretin, un talus, un rideau d'arbres.

Maison et jardin se complètent avec bonheur, à Saint-André-des-Eaux dans les Côtes-d'Armor.

Les maisons de pêcheurs, aux petites ouvertures, se serrent comme frileusement les unes contre les autres en tournant pour la plupart le dos à la mer, comme les logis du pays de Guérande tournent le dos au marais.

Au nord-ouest du Finistère, où les vents soufflent tantôt d'un côté, tantôt de l'autre, à l'habitation principale sont accolés des appentis de toutes tailles apparemment en désordre mais dont l'un protège pourtant telle porte, l'autre telle fenêtre, un autre encore un passage. Par contre, à l'opposé du Finistère, là où le vent est régulier et où règne davantage la méthode de construction en longère, le logis est le plus souvent protégé par le bâtiment d'exploitation tout en longueur implanté parallèlement à la façade principale.

Dans les monts d'Arrée, les avancées typiques de la région, donnant une disposition en équerre, coupent efficacement le vent dominant pour protéger l'entrée, tout comme le font les trois ou quatre crèches construites perpendiculairement aux rangées de maisons dans la région de Sarzeau, et comme peut le faire un alignement avec des lignes de faîtage abaissées et décalées.

Des longères peuvent être disposées en arc de cercle de façon à s'abriter des vents habituels et, là où les vents sont peu conséquents, dans le Trégor ou le Goëllo par exemple, les bâtiments, presque toujours avec un second niveau d'habitation, sont généralement construits en plaine sans chercher à se mettre à l'abri dans un creux de terrain.

D'autres raisons que celles liées à l'environnement naturel peuvent conditionner l'implantation d'un habitat rural. Telle façade peut être faite pour « regarder » le paysage, ce qui est souvent le cas au XVIIIe siècle, telle autre donne

sur la rue, une autre encore sur un monde clos, et bien sûr, si on le peut sans trop d'inconvénients, on implante la maison pour que s'ouvre une façade au midi.

La situation des constructions peut encore dépendre uniquement du travail. C'est le cas des moulins à eau ou à vent, qui sont bien souvent situés dans des conditions climatiques épouvantables, comme ceux qui se voient, tels des bateaux ancrés au large, au milieu de la Vilaine, ou les moulins qui se cachent au fond des vallées encaissées, froides et humides.

La simplicité des matériaux allié à la pureté des formes d'une maison originelle, habitat organique dans une nature organisée.

Le maréchal-ferrant et forgeron s'installe de préférence au croisement de routes, le lieu-dit est alors bien parlant et fait encore aujourd'hui mettre son écharpe, puisque c'est ce « quatre-vents » si fréquent en Bretagne.

Pas de règle donc, pas de théorie prétendant établir un système pour implanter les maisons en Bretagne, mais une énorme somme d'observations, un très long apprentissage, un savoir-faire de plus en plus affiné et une espèce de communion avec la nature, un total autrement dit qui, de toute évidence, a composé une des caractéristiques des gens du pays, aussi humbles et pauvres qu'ils aient pu être. C'est en plaçant la construction dans ce contexte que l'on comprendra à quel point elle peut s'insérer réellement dans l'environnement et participer ainsi à l'harmonie du paysage, et que l'on comprendra aussi que l'on est en Bretagne.

LA MOTTE-AUX-CHAUFFS

Le plan

Pour un paysan, la maison ayant pour fonction de loger la famille, d'abriter les animaux et de conserver les récoltes, pour le pêcheur de se loger et de ranger le matériel, pour l'artisan d'y loger et d'y travailler, la maison a donc deux attributions qui doivent cohabiter et de plus elle est occupée tout au long de l'année vingt-quatre heures sur vingt-quatre.

Cette fonctionnalité donne naissance à un plan tout à fait élémentaire mais qui doit être d'autant plus juste. Pour sa mise en place, pour son traçage ou marquage, le propriétaire prépare « l'étalon », la surface nettoyée et aplanie où l'artisan, lui-même éventuellement, édifiera la construction : un rectangle plus ou moins long, plus ou moins transformé par des extensions et des décrochements et plus ou moins cloisonné. Il ne faut pas oublier toutefois qu'en plus de cette construction de base, ne comportant généralement qu'un rez-de-chaussée, peuvent se concevoir des dépendances, auquel cas un plan d'ensemble est tracé dès le départ.

Ce raisonnement en apparence rudimentaire n'aboutit pas pour autant à des constructions primitives. Nous avons déjà vu que le climat impose des solutions qui paraissent évidentes après coup, comme une aile perpendiculaire ajoutée à la cellule de base, comme un espace tampon isolant le ou les pignons, comme un escalier extérieur couvert ou non, en façade ou en pignon.

La clarté indispensable gère en partie la conception, bien sûr. Si la bâtisse n'est qu'un simple logis – penty, loge, maison de carrier ou d'éclusier –, une seule fenêtre et une seule cheminée suffisent.

À Tonquédec, dans les Côtes-d'Armor, la construction avec ses murs en moellons, son escalier extérieur rudimentaire et son avancée, révèle que nous sommes ici devant un type d'habitat où l'on travaille au rez-de-chaussée et où l'on habite à l'étage.

Page de gauche. Sérieuse mais pas sévère ni prétentieuse, la maison sait se distinguer de ses dépendances. La Motte-aux-Chauffes, près de Saint-Malo.

Si les hommes et les bêtes cohabitent sous le même toit, il y a une cheminée dans la partie dite haute, réservée aux gens, et pas dans la partie dite basse, réservée aux animaux, qui dégagent déjà une chaleur appréciable. S'il y a une étable à part, le tracé de la maison, la trame ne changent pas, mais le plan si, puisque la partie basse devient espace de cuisson des aliments destinés aux animaux et donnera à la maison une deuxième cheminée.
Une fenêtre est positionnée selon qu'elle sert à regarder de l'intérieur vers l'extérieur, qu'elle est destinée à éclairer la table ou à donner de la lumière vers un coin de travail.

Tel un vaisseau, solidement ancré au milieu de la rivière, le moulin du Boël sur la Vilaine, parfaitement restauré, à retrouvé les formes, les matériaux et les couleurs de ses origines.

La porte « bougera » en fonction du lieu de construction, de la commodité, de la circulation intérieure, de l'emplacement d'un escalier extérieur, du statut de l'habitant ou tout simplement de la mode de l'époque.
Comme l'implantation exige une adaptation à une multitude de situations, la conception du plan réclame une bien grande capacité à prévoir les faits et gestes, et ce dans les moindres détails, de ceux qui vivront dans la maison une fois construite.

Il est donc évident que la juste lecture du plan s'impose à celui qui veut prendre en charge ce type de patrimoine. Ce plan est caractérisé par plusieurs idées forces.

Rigueur et réflexion

D'abord, par une rigueur évidente et permanente, comme le démontrent des centaines de relevés, tout en tenant compte, bien sûr, d'inévitables maladresses et en acceptant une marge d'erreur de 3 à 5 %. Cette rigueur se manifeste par l'emploi d'une unité de mesure unique pour régler les proportions et les positionnements des diverses parties de la construction : le pied, soit 32,48 cm, en vigueur dans le monde occidental depuis Charlemagne, jusqu'à l'obligation depuis la loi du premier vendémiaire an VIII (23 septembre 1799) de l'emploi du mètre – loi qui a beaucoup de mal à être appliquée en Bretagne où la mesure « humaine » reste fortement ancrée dans les esprits.
La rigueur, c'est aussi l'utilisation durable d'une série de figures géométriques aux proportions déterminées comme les multiples du carré ou du cercle, les rectangles dynamiques en rapport doré, selon la méthode pythagoricienne ou de Philibert Delorme, figures qui devraient conditionner toute transformation actuelle.
Ce qui saute aux yeux après la rigueur, c'est la réflexion qui règle dans les moindres détails l'organisation fonctionnelle de l'espace dont on dispose.
Il va de soi que l'emplacement des ouvertures, des cheminées, des avancées, des escaliers, des niches, éviers, auges, saloirs, les emplacements de lits clos, de tables, de vaisseliers, sont décidés en fonction de l'occupation prévue, de la circulation intérieure nécessaire, du degré de confort demandé, du rôle social du futur occupant, etc. Le plan révèle donc l'aptitude du concepteur à résoudre l'ensemble des problèmes et à traiter avec autant de précision chaque élément pris séparément.
L'usage de l'avancée, par exemple, hormis la relation avec l'environnement, peut se faire de plusieurs

manières. On peut la décider en *kuzh-daol* (cache-table) ; elle sera alors relativement peu importante avec une petite ouverture en milieu de façade pour éclairer la table ronde, quelquefois entourée de bancs de pierre et avec des niches à portée de mains.

S'il s'agit d'un *apotheis*, l'avancée devient une pièce à part entière mais non séparée de la salle commune afin d'y mettre un lit clos avec son banc-coffre, une table et un banc. La fenêtre, plus grande que la précédente, est alors située non plus dans l'axe du pignon, mais face à la table.

Si l'avancée ne se justifie pas pour des raisons climatiques ou par souci d'économie, un petit décrochement dans le mur aveugle à l'opposé de la façade suffira pour y placer le lit. On parle alors d'un *kuzh-wele* (cache-lit).

Un petit décrochement en façade peut aussi favoriser une meilleure vue vers l'extérieur ; la fenêtre sera alors placée plus près du sol, la priorité n'étant pas l'entrée de la lumière mais le regard à partir d'une position assise.

De plus, chaque parti pris impose un emplacement de cheminée différent, qui « glisse » en quelque sorte tantôt vers la droite, tantôt vers la gauche, à partir de l'axe central du mur pignon.

Dans cette maison de marchand-toilier aux Iffs, en Ille-et-Vilaine, le maître-d'œuvre de la restauration, très respectueuse de la pureté architecturale, a eu le bon sens de ne pas « gommer » la partie du mur ancien, sur le côté gauche, au profit d'un ensemble prestigieux avec entourages d'ouvertures très soignés, modillons, lucarnes et toit en tuileaux.

Autre exemple de cette ingéniosité permettant d'obtenir un maximum d'effets avec un minimum de moyens : la disposition des fenêtres. Ceci est d'autant plus significatif que l'image qui vient presque automatiquement à l'esprit quand on parle de maison ancienne, c'est la petite fenêtre, donc le peu d'éclairement, donc… une certaine médiocrité.

Pourtant, si l'on se réfère à la définition de fenêtre donnée par le Larousse – « *baie pratiquée dans un mur pour donner du jour et de l'air à l'intérieur d'un édifice* » –, le bien-fondé de la méthode des anciens est manifeste.

À Névez, dans le sud du Finistère, ce toit en chaume épouse parfaitement les murs construits en pierres ramassées dans les champs. Le chaulage autour de la porte donne à cette chaumière un air de fête qui lui convient parfaitement.

Pratiquer une ouverture dans un mur, c'est faire un trou dans une surface qui a pour fonction de supporter la maison, sans l'affaiblir ; donner du jour, c'est « distribuer » de la lumière et donc la faire venir au bon endroit, et donner de l'air s'ajoute aux multiples fonctions de la cheminée – chauffer, cuire les aliments et donner de la clarté.

Éclairer utilement n'a pas la même résonnance pour l'un ou pour l'autre, n'a pas la même signification d'une génération à l'autre et est plus ou moins nécessaire selon le métier exercé. Il est donc normal de tenter de la capter, d'essayer de la maîtriser et de la diriger. Telle était l'ambition des constructeurs de l'habitat dit traditionnel, quelle que soit l'importance de l'édifice.

La méthode est relativement simple mais admirablement bien pensée : profiter de l'épaisseur du mur, de deux à trois pieds, pour créer des ébrasements qui « gomment » les angles pour qu'il n'y ait pas d'obstacle à la pénétration de la lumière, pour que ne subsistent pas de coins d'ombre, et pour réaliser des évasements plus ou moins ouverts d'un côté ou de l'autre pour distribuer la lumière selon les besoins, pour la diriger vers la table ou vers le foyer, pour l'amener au milieu de la pièce pour éclairer un coin de travail, etc. Par conséquent, ce qui peut paraître maladresse devient idée judicieuse, et ce qui semble n'être que de l'indifférence à toute symétrie devient un art de la distribution.

Le jour et le regard

D'autre part, il y a fenêtre et fenêtre. Le « jour », souvent minuscule, haut placé pour donner juste un rai de lumière vers la cheminée, si possible jusqu'au moment où le soleil se couche, est parfaitement efficace. Le « regard » placé à trois pieds du sol, la petite ouverture dans la niche au-dessus d'un évier intégré dans le mur, la fente d'aération proche du saloir, les trous carrés juste sous le toit par lesquels on rentrait la tourbe destinée à se chauffer pendant l'hiver, jouent pleinement leur rôle.

Ainsi, force est de constater qu'un plan si simple en apparence, quelquefois jugé maladroit, peut intégrer toutes sortes de systèmes, répondre correctement aux multiples demandes, être cohérent dans sa totalité et montrer des subtilités presque insoupçonnables. En tout cas, un plan est le résultat d'une belle somme de réflexions qu'il serait bien dommage de ne pas déceler.

Le mur

Bien raisonné et correctement tracé, le plan permet que l'on « dresse » les murs qui en sont en quelque sorte la concrétisation, et ce, selon les exigences du futur occupant.

L'implantation de la construction décidée en toute connaissance de cause donnera aux murs leur coloration, leurs matériaux et leur fonctionnalité, résultant de l'environnement immédiat.

Les murs de cet habitat organique vont ainsi créer un élément nouveau dans le paysage tout en continuant d'en faire partie.

La maison rurale bretonne ignorant les fondations, les murs relativement épais s'incrustent quelque peu dans le sol et comportent deux parties : un mur extérieur et un mur intérieur montés parallèlement, entre lesquels on dispose, au fur et à mesure, de leur construction des pierres de blocage, de l'argile, de la terre meuble et quelques boutisses donnant une répartition intérieure très homogène. Cette méthode économise les pierres d'appareillage et fait gagner du temps.

Les deux parois étant indépendantes, c'est le mur extérieur qui subit directement les modifications de la tem-

Schiste, granite, grès, quartzite, autant de pierres qui réagissent de manières différentes aux conditions climatiques et qui font que le mur s'adapte aux caprices du temps.

pérature ambiante, tandis que le mur intérieur conserve mieux la température du dedans. Il n'y a donc ni condensation, ni humidité qui pénètrent. De plus, en désolidarisant les deux parements, on restreint le désordre s'il survient d'un côté afin de ne pas compromettre la solidité du côté opposé. Enfin, une certaine épaisseur permet aussi de supporter une toiture quelquefois importante à cause du poids des ardoises.

Ce sont évidemment le matériau et la mise en œuvre qui donnent au mur son caractère, un caractère à l'image

Un gond de pierre sortant du mur permet à la barrière de pivoter sur son axe ; un détail d'architecture malheureusement souvent détruit lors des restaurations, car mal compris.

d'hommes et de femmes aux traits bien marqués, aux visages burinés, aux jeux pleins de rêves et de quotidien, d'hommes et de femmes aux gestes simples et vrais plutôt qu'avec des paroles savantes, des personnalités chaque fois.

Les murs aussi !

La qualité de la pierre, la forme, la commodité de l'emploi, la diversité plus ou moins grande et la facilité de l'extraction conditionnent bien entendu pour une très grande part le montage du mur, sa technicité et son charme.

Là où le granite est abondant, des blocs plus ou moins réguliers sont placés en rangées horizontales. Il en résulte des joints inégaux, des hauteurs d'assises différentes avec des largeurs de blocs très variables.

Ailleurs, les murs de schiste sont montés en pierres plates, pas trop longues, les interstices étant bourrés avec des petites pierres et sans joints.

Par endroits, on applique la règle édictée par Liger en 1733 dans son livre *La Nouvelle Maison rustique* : « *Le meilleur moellon est celui qui est le plus dur et qui se tire du plus profond des carrières ; il doit être ferme, âpre, plat et de bonne assiette et avoir équarri, puis hiverné avant d'être employé, afin qu'il ne casse point à la gelée* ».

Même si *Les Dix Livres d'architecture* de Vitruve, écrit au premier siècle, n'est pas sur toutes les étagères, sa réflexion de bon sens est aussi celle du bon sens des campagnes bretonnes : « *Ces précautions sont de les tirer [les pierres] de la carrière en été et non pas en hiver, et de les exposer à l'air en un lieu découvert, deux ans avant que de les mettre en œuvre, afin que celles que le mauvais temps aura endommagées soient jetées dans les fondements et que les autres qui, après avoir été éprouvées par la nature même, se trouveront être bonnes, soient employées à la maçonnerie qui sera hors de terre. Cette méthode doit être observée tant à l'égard des moellons que des pierres de taille* ».

Autour de Ploërmel et de Josselin, les ouvrages de maçonnerie sont en petits matériaux mais établis avec soin. Dans la région de Redon, ils sont le plus souvent en schiste gris-bleu, gris foncé ou violet, utilisé généralement en petites pierres plates longues, posées dans le sens des lits constituant un appareillage lamellaire. À Trégunc et à Névez, les murs goutteraux sont formés de dalles de granite (de 2 m sur 40 cm, débitées par le « fendeur » qui, pour suivre le fil du caillou, « travaillait avec son nez »...) dressées verticalement côte à côte et fichées solidement en terre. À Laniscat, les quatre murs sont en plaques de schiste de faible épaisseur (les orthostats), peu enfoncées dans le sol et maintenues par une ossature en bois constituée de pièces mortaisées solidarisées par de fortes chevilles de bois.

Dans une région pauvre, les cailloux des champs, ou ceux de la mer, quelques gros blocs en soubassement, d'un calibre souvent très hétéroclite assurant la solidité du mur, et du bois pour les linteaux feront l'affaire.

Là où il y a un peu plus d'aisance, la maison est

La Chapelle-Saint-Aubert en Ille-et-Vilaine. Il ne s'agit pas seulement d'un décor mais d'une sorte d'arc de décharge, dont le montage en losanges protège très efficacement le linteau de la porte.

construite en moellons du pays, équarris ou non. Ses arêtiers et ses encadrements de baie sont généralement en granite, en schiste, en grès ou en tuffeau. Si cette pierre est normalement rectangulaire, à l'aplomb de la baie, son autre extrémité est informe pour assurer une meilleure liaison avec le mur. Les chaînes d'angle et les jambages des ouvertures sont faits de carreaux et de boutisses – on dit qu'ils sont « harpés ».

Chez les plus riches, ou parce que c'est « en vogue », les façades sont en pierres de taille de mêmes dimensions posées en assises rectilignes, de blocs différents posés en assises de hauteurs variables ou en lignes de hauteur décroissante, quelquefois aussi en désordre, mais toujours avec des joints à peine perceptibles.

La mise en œuvre du mur peut se faire de toutes les manières, selon la main de l'artisan, les connaissances du matériau, l'appréciation de l'environnement, les goûts et les couleurs…

Les lits de pierres de même nature peuvent être continus ou pas, en désordre ou en alternance selon leur taille. L'appareil peut être brouillé avec ou sans cales, de petits coins de pierre permettant d'ajuster le moellon débordant à la verticale du mur, qui sont cassés avant le tirage final des joints.

Le mur monté en petit, en moyen ou en grand appareil, peut être composé de matériaux divers alternés – granite, grès, schiste, quartz, pierre de Logonna ou de Kersanton, etc. Il s'ensuit une multitude de dessins et de colorations « léopard ». Il est fait avec des lits de pierres de couleurs très différentes régulièrement alternées, ou de « pierres sèches », le mur étant monté à sec, sans mortier, avec ou sans terre.

Le mur peut être conçu pour rester nu, pour recevoir un crépi ou pour être enduit « à pierre vue ». Dans les différents cas, il l'est avec un mortier ancien qui « vit », qui enfle par l'humidité, rétrécit au sec, respire et suit les mouvements du temps et les écarts de température, ce qui explique la durabilité des murs, qui ont « joué » et se sont placés avec le temps.

Le mur peut être parfaitement plane, presque lisse, ou bouchardé sur toute sa surface. La pose de pierres peut se faire de telle sorte que chacune se comporte comme un larmier.

Dans chaque cas de figure, la mise en œuvre est réfléchie et conçue pour favoriser le ruissellement des eaux de pluie, et l'utilisation de pierres de dureté différente crée des cheminements préférentiels de l'eau à travers les maçonneries les plus tendres, comme on peut aussi créer des barrières étanches incorporées dans les murs qui bloquent les passages de l'eau.

Cette pierre en granite, dans laquelle on a creusé une rigole et qui traverse toute l'épaisseur du mur, permet l'écoulement de l'eau provenant d'un évier et l'éloigne du pied du mur afin de ne pas l'abîmer.

Vers l'est de la Bretagne et autour de Rennes, ce sont les maisons de terre qui illustrent une campagne douce et verte, avec des murs jaune-ocre et une volumétrie toute particulière. Le matériau de construction employé ici est le pisé. Composé d'argile grasse et d'un liant végétal – ajonc, paille hachée, foin, bruyère, filasse, balle d'avoine, cosses de fèves –, c'est une matière qui n'absorbe pas d'humidité et qui ne donne pas de salpêtre. Plusieurs méthodes de construction en pisé existent. Le mélange très humidifié peut être entassé dans un coffrage en bois ; le mélange plus compact peut se mettre en œuvre à la pelle par rangées de paille souvent intercalées. On peut fabriquer des briquettes en terre crue qui sont ensuite entassées comme des pierres, ou encore entasser des boules appelées « bigots », qui sont maintenues entre elles par des tenons de bois verticaux.

Dans la région rennaise, le rez-de-chaussée, au minimum un solin, est en pierre et la partie supérieure en terre, et ceci pour les quatre murs. Ailleurs, le pisé ne s'applique pas aux pignons et ne forme que les parties pleines des façades en contournant, sans autre souci que l'efficacité, les parties en pierre qui contiennent les fenêtres et les portes.

Un autre matériau fait aussi partie du paysage architectural breton. C'est la brique en terre cuite, utilisée anciennement déjà en Loire-Atlantique, puis à partir de la seconde moitié du siècle dernier dans le reste du pays.

Si la maison entièrement faite en briques est relativement rare, très nombreuses par contre sont les constructions dans lesquelles ce matériau prend une importance : soubassements, angles, entourages des ouvertures, bandeaux, corniches, conduits et souches de cheminée.

Le rouge sang ou orangé, le rouge violacé, presque noir, se marient merveilleusement avec les couleurs si particulières et si propres aux pays qui font la Bretagne.

La justesse géométrique du matériau fabriqué contraste avec bonheur avec les pierres brutes équarries ou taillées. La forme de cette pierre aux trois faces, de petite taille et toujours identique, permet toutes les combinaisons, et donc de donner libre cours à l'imagination et à la personnalisation. Elle permet de construire des bandeaux, des frises, des entourages ou des couronnements aux compositions parfois sophistiquées, souvent superbes.

Comme le mur se « dresse », il se « construit » avec autant d'application et avec autant de réponses aux exigences. On l'a déjà vu : rien de ce qui peut se voir n'est gratuit, tout ce qui est voulu est intelligent, tout ce qui est fait doit faire partie intégrante de l'ensemble.

Le mur étant forcément bavard, continuons de l'écouter.

Dans le mur, il y a bien souvent, et à tous les niveaux, des pierres protubérantes. Surtout ne les cassons pas !

Elles permettent de monter sur le toit ou à l'étage, elles marquent un droit sur le terrain, elles protègent un embout de poutre, un linteau, une niche, une pierre sculptée ou le seuil. Fichées dans la souche de cheminée, elles préservent le faîtage de la toiture là où il peut y avoir des infiltrations. Ces pierres donnent la possibilité de continuer la construction d'un mur, elles peuvent témoigner d'un auvent ou d'un escalier extérieur. Elles servent à l'écoulement des eaux de l'évier intérieur. Dans le pignon, elles correspondent aux queues des corbelets de cheminée. Trouées, on peut y attacher la longe d'un animal ou l'échafaudage pour réparer la toiture, ou encore y faire tourner une fermeture de clôture.

Parfois même, presqu'au bas du piédroit d'une porte d'entrée, elles comportent une crapaudine dans laquelle pivote l'huis afin d'en éviter le pourrissement.

Et puis, dans le mur, il y a des vides et des pleins, un haut et un bas, des surfaces et des arêtes.

Des arcs de décharge, des renforcements ou des linteaux doubles sont là pour compenser des faiblesses éventuelles dues aux percements des baies.

La base, outre un blocage avec de gros blocs de pierre, peut nécessiter un fruit ou un contrefort pour supporter un mur important, pour faire contrepoids, pour contrebalancer une pression ou un mouvement répétitif.

Une assise de pierres particulières peut être imaginée en fonction du terrain, d'un passage, d'une circulation ou parce qu'il y a des contraintes liées à l'eau.

La mise en œuvre de la partie inférieure d'un mur peut correspondre à une utilisation intérieure, comme c'est le cas d'une ligne de pierres plus importantes, ou d'une autre nature, correspondant par exemple à l'installation de mangeoires d'animaux, qui demandent une consolidation et qui sont intégrées à une hauteur différente selon qu'il s'agit de chevaux ou de bovins. Le même raisonnement vaut pour une auge, un saloir, un mécanisme quelconque, les meules du meunier, etc.

La rangée de pierres plus grandes que les autres au niveau de l'étage ou le bandeau en relief, tiré à la règle, indiquent l'empoutrement.

Que l'angle d'une construction demande un soin particulier ne peut échapper à personne. Il est donc habituel que la grande majorité des maisons comprennent des chaînages, que ce soit avec des pierres simplement triées, des moellons à peine équarris ou des pierres taillées.

Mais là aussi il y a des variantes. Dés et boutisses peuvent être chaque fois de même taille, ou de tailles décroissantes vers le haut, comme si il y avait un contrefort dans le mur. Il peut encore y avoir deux séries de boutisses, la seconde renforçant les dés.

La mise en œuvre des murs signe le savoir-faire des artisans qui savent utiliser le matériau présent aux abords directs de la construction, pierre ou terre, en l'imbriquant, en le calant mais surtout en le respectant. Le mur est un élément naturel du paysage qui permet l'identification d'un terroir.

Même constat pour les corniches, les rampants, les chevronnières et leurs amortissements.

Les entourages des ouvertures font l'objet de plus d'attention encore avec des pierres de meilleure qualité que celles de l'appareil, des chanfreins et des linteaux parfois impressionnants, même en bois. Pour des raisons techniques d'abord, mais aussi parce que les populations bretonnes ont voulu montrer leur goût des particularismes, c'est là que sont inscrits non seulement les dates de construction, mais aussi les noms du fondateur et de son épouse, la marque du statut de l'habitant.

Le maréchal-ferrant y fait sculpter un fer à cheval, le curé un calice, l'ardoisier son outil, le tisserand la navette. L'épouse qui fait de la couture fait ajouter une paire de ciseaux, le couple d'aubergistes se fait connaître par un pichet et un bol, le marin-pêcheur, par un poisson. Le renard, le chien, le lièvre paraissent avoir eu une grande faveur et les signes religieux implorent la protection du lieu : croix, calvaires, angelots...

Près des portes et des fenêtres, sur les montants généralement, les pierres des moulins portent des marques en grande quantité, et sur les bâtiments d'une certaine qualité, les signes des tailleurs de pierre, compagnons ou non, sont légion. Quant aux cadrans solaires, ils manifestent l'honorabilité.

Mais il y a aussi des indications bien plus discrètes. Telle pierre blanche, bien visible dans une façade ou dans un pignon, en quartz par exemple, y est placée comme pierre porte-bonheur. Parfois, il y a une pierre qui « pleure », sorte de baromètre annonçant le changement du temps. Il y a aussi la pierre bien distincte des autres qui attire le regard à partir d'une entrée de propriété ou d'une courbe dans le chemin qui mène à la construction : une invite à ne pas passer là sans regarder la propriété.

En presqu'île de Guérande, on plaçait dans le mur un silex taillé appelé « pierre à tonnerre » pour se protéger de l'orage ; ailleurs, des pierres de quartzite en haut du mur remplissaient la même fonction.

Parfois, c'est un grès intégré dans le piédroit de la porte d'entrée, à gauche en sortant, qui est mis là pour aiguiser les couteaux.

Des pierres peuvent « sortir » du mur pour permettre le rangement des longues perches qui servent à ceux qui cultivent le lin, ou encore pour être les consoles prêtes à supporter les tablettes où poser des centaines de galettes de tan afin de les sécher pour pourvoir devenir un excellent combustible.

Un os dans le mur permet d'alerter à temps le propriétaire de la maison : si l'os se fend, c'est que le mur bouge et qu'il faut peut-être prendre les mesures qui conviennent. Les os « sortant du mur » peuvent aussi indiquer que celui-ci n'est pas mitoyen ; ou encore, bien rangés à distances égales, ils sont un moyen idéal pour permettre la bonne maîtrise des fruitiers en espalier.

Enfin, il y a les cavités. Dans le vide se logeait peut-être une pierre datée ou sculptée.

Il y a aussi les trous d'échafaudage, fort utiles, qui permettent aujourd'hui encore de suivre le travail du maçon d'autrefois « comme si on y était ».

Les trous de pigeon, avec la pierre sortant du mur, permettaient aux volatiles de s'envoler et de revenir au nid. Il existe même des trous de moineaux.

Derrière une pierre percée de quelques trous, presque minuscules et toujours en nombre impair, peut se cacher une sorte de petit placard dans l'épaisseur du mur fermé par des planches ou une pierre plate. C'est tout simplement une ruche.

Il y a des murs aveugles qui comportent une série de niches toutes identiques dans lesquelles peuvent se loger des ruches en paille – cinq, sept, neuf, onze ruches...

On trouve enfin des niches à chien, ainsi que des niches pour mettre des récipients à l'abri et à l'ombre tout en étant à l'extérieur des bâtiments, récipients pour contenir des aliments ou le seau en bois qui servait à puiser l'eau du puits et qu'il fallait ranger dans de bonnes conditions...

La toiture

Les toits qui « coiffent » les élévations et qui les « terminent » harmonieusement sont, tout comme les murs, la continuation du paysage parce que faits avec les matériaux trouvés à proximité : ardoise dans les pays de schiste, chaume dans les champs, roseau dans les marais, genêt dans les landes, bardeaux de châtaignier dans la baie du mont Saint-Michel, argile pour cuire les tuiles…

Au sud de la Loire, on trouve des couvertures en tuiles canal, plus petites et plus légères que les tuiles romaines, scellées à la chaux et appelées « tiges de bottes ».

Dans le sud du Finistère, dans les îles et dans l'extrême ouest, les ardoises de pays sont scellées au mortier pour mieux résister aux grands vents de la côte.

Là où il y a des ardoises épaisses, elles sont de tailles décroissantes de bas en haut, fixées à l'aide de chevilles en bois ou avec des clous, parfois couronnées par un faîtage à lignolet, sinon en tuiles faîtières ; le raccordement se fait alors directement par des ardoises taillées en biseau, scellées au mortier de chaux.

Sur le littoral des Côtes-d'Armor se voient des maisons couvertes de tuiles importées de Grande-Bretagne au XIXe siècle.

Quant au Morbihan, ses toits de chaume de diverses nature sont un enchantement. On en trouve en paille de blé ou de seigle, en « hèdre », sorte de glaïeul du marais de Redon, avec un faîtage protégé par une couche d'argile où pousse de l'herbe. Selon les anciens, la joubarbe au faîte d'un toit protège l'habitation de la foudre.

Il va de soi que les toits s'abaissent dans les régions les plus exposées au vent et à la pluie, et qu'ils deviennent plus pentus dans un climat plus clément. Les variations restent néanmoins comprises entre 45° et 60°. Quand il y a une bonne pente, le coyau permet une évacuation correcte des eaux de pluie en les chassant du mur, comme un larmier.

Le plan de la maison n'étant dans la plupart des cas qu'un simple rectangle, le modèle de la charpente classique de la maison bretonne est tout simple aussi. Grossièrement équarris, deux arbalétriers sont assemblés par le haut, à mi-bois, où ils sont tenus par quelques chevilles. À mi-hauteur, un entrait, également à mi-bois, est chevillé. La ferme ainsi formée est reliée aux autres par les pannes sur lesquelles sont fixés les chevrons qui reçoivent les voliges.

Une toiture se conçoit, se prépare puis se réalise en de multiple étapes. Le charpentier est le premier intervenant dans l'ordre des corps de métiers qui travailleront à recouvrir la maison.

Double page suivante. Les maisons de Bretagne sont presque toutes couvertes en ardoises ou en chaume. À gauche, un toit de chaume de seigle sur une ferme isolée à Pluméliau. À droite, un toit d'ardoises traditionnelles, grossièrement taillées, aux environs de Morlaix.

PLUMELIAU

Plus élaboré est l'emploi d'un poinçon qui allège l'ensemble et qui permet que la panne faîtière soit maintenue par deux liens. L'assemblage ainsi formé repose sur le mur soit par simple scellement, soit sur une sablière, soit les fermes s'intègrent dans la maçonnerie en contrebas et dans le plan de la ferme, pour dégager l'exhaussement du mur du grenier et recevoir une partie de la poussée de la toiture dans le mur. C'est sur cette structure homogène que viennent se greffer les éléments pour les lucarnes, les gerbières, les avancées ou les escaliers en tourelle.

La rusticité de ce système de montage n'exclut pas pour autant un vrai savoir-faire, voire un vrai savoir. Pour s'en rendre compte il suffit de lire ces quelques recommandations, parmi des dizaines d'autres, données aux charpentiers par Philibert Delorme, en 1648, dans son livre *Architecture*.

« En entrant dans la forest, ne faut aller du costé d'occident, car de ceste part le bois y est le pire, et se trouve communément tortu, comme abortif, suject à rompre, à s'échauffer, à porter plus d'aubours que les autres, et plustost être pourry et gasté, que celuy qui est pris ès parties de midy orient et septentrion… Faut noter que du costé de midy les arbres sont de meilleure nature que du costé de l'occident : toutefois pour estre situez ès parties chaudes, ils peuvent avoir l'humeur tant desseché, qu'ils ne font jamais de si belle venuë que ceux du costé d'orient et septentrion.

… Et pour couper généralement le temps est au mois de novembre, décembre et janvier : pour ce qu'en ce temps là ils ont moins de feu dedans, et sont trop plus sains que tout le reste de l'année. Et me semble qu'en ce temps, je leur trouve toujours par le milieu de

Une charpente neuve réalisée à l'ancienne, sur une structure d'origine, avec les traits de scie qui permettent d'arquer les chevrons.

l'arbre une chaleur plus tempérée qu'à la circonférence, entre l'écorce et l'aubour, où elle est peu humide pour la fene qui en est tombée… Quand il ne descend plus d'humidité faut achever d'abbatre ledit arbre. Mais si vous voulez qu'il serve pour menuiserie, il ne faut sitost équarrer, et quand il le sera, faut qu'il ne touche la terre : après vous le débiterez quand vous en aurez affaire, mettez y des petits bastons entre deux, comme bouts de latte, afin que le vent puisse passer par tout… ».

Et comment ne pas « regarder autrement » ces pauvres arbalétriers à peine équarris et si peu adroits, après avoir feuilleté le traité : *Des Semis et plantations des arbres et de leur culture*, publié en 1760 par M. Duhamel du Monceau, page 326 : « *on voit dans la figure 119 deux arbres GIKL, qui ont été courbés étant encore jeunes et attachés à d'autres arbres HO, pour produire par la suite des bois courbés pour le service de la Marine* ».

Quant aux poutres qui supportent le plancher et qui font partie intégrante de la structure de la maison en maintenant l'écartement des murs et en unissant les deux parements de chaque mur de moellons, elles aussi « parlent » davantage qu'elles n'en ont l'air.

Pour les anciens, certaines choses allaient de soi.

Le cœur était placé sur la partie haute de la poutre afin d'en diminuer la déformation, la partie forte du fût de l'arbre allant toujours en partie basse d'une légère pente et reposant sur un mur de meilleure résistance mécanique – il n'est pas rare par exemple que l'ensemble de l'empoutrement d'un moulin « bascule » vers un contrefort pour y recevoir les charges. Les troncs les plus faibles étaient placés à proximité des pignons ou des murs de refend, la face la plus belle des poutres était disposée de façon à être le mieux en vue en entrant dans la pièce, la fourche d'un arbre était astucieusement mise à profit pour répartir les charges au-dessus d'une ouverture ou d'une niche. Souvent les poutres sortent du parement externe du mur ; loin d'être une maladresse, ceci permet le bon séchage des abouts qui, autrement,

Une maison de tisserand à Pleyber-Christ. Son toit d'ardoises, qui la coiffe avec élégance, et sa façade en avancée en pierres de taille, alors que le reste est en moellons, marquent le statut de son propriétaire et la différencie des autres constructions.

Une maison aux murs de terre des environs de Rennes. Sa gerbière est à l'aplomb du mur et ses lucarnes discrètes sont bien intégrées dans le pan de la toiture.

noyés dans le mur, finissent par pourrir suite à l'humidité relative de tout mur à l'ancienne. Ou encore, les abouts sont légèrement en retrait dans le parement, mais alors bien protégés contre les eaux de ruissellement par une pierre plate figée dans le mur au-dessus.

Éléments d'architecture courants en Bretagne, lucarnes et gerbières y complètent pour ainsi dire l'habitation. Elles rehaussent la construction, coupent la monotonie

du mur et rythment les façades. Généralement ni très grandes, ni très nombreuses, elles viennent le plus souvent à l'aplomb du mur, sont parfois à mi-pente ou sont dites « capucines » quand elles sont toutes petites et comme noyées dans le toit.

Elles peuvent être en charpente ou en pierres, leur appareil pouvant alors faire suite à la maçonnerie du mur ou se démarquer davantage avec de belles pierres de taille. Leurs formes sont des plus variées : frontons triangulaires ou en demi-cercle, parfois cintrées, avec des décors quelquefois baroques… ; mais elles sont toujours plus hautes que larges.

Comme fenêtres, elles laissent passer le maximum de lumière car leurs toits ne débordent pas, ni au-dessus, ni sur les côtés. Comme gerbières, elles ne sont pas tout à fait dans l'axe de la porte, mais plutôt un peu décalées pour que l'échelle ne barre pas l'accès en bas. C'est moins courant pour l'ensemble du pays, mais la gerbière peut aussi comporter une avancée de toiture débordant largement pour former auvent et abriter de la pluie la charge que l'on monte.

Enfin, bien souvent, une même toiture a deux lucarnes. Elles sont alors rarement identiques et méritent une attention d'autant plus grande qu'elles occupent une position privilégiée dans le bâtiment. Elles sont en effet là « pour être vues », donc forcément significatives et comportent les signes, les chiffres ou les sculptures qui sont l'illustration de l'importance ou de l'esprit de celui qui a fait faire la bâtisse.

Un exemple parfaitement clair est donné aux Iffs, où la lucarne côté est dans le toit se compose d'un carré et d'un demi-cercle, dans lequel figurent douze stries : « *le soleil se lève au levant et montre la relation avec la nature et le ciel* ». L'autre lucarne, à l'ouest, est un carré surmonté d'un triangle constitué de deux triangles aux deux côtés égaux : « *au couchant se voit le monde construit avec raisonnement et méthode* ».

Comment ne pas s'étonner quand le regard rencontre de tels repères !

L'intérieur

Le sol de la maison rurale est souvent enterré, d'où la très grande importance du seuil qui doit être de deux ou trois pouces au-dessus du niveau extérieur.

Deux raisons motivent cette différence de niveau : la construction, ainsi plus basse, donne moins de prise au vent et les quatre murs se trouvent bloqués, remédiant de cette manière au manque de fondations. Descendre une ou deux marches fait aussi pénétrer davantage dans une certaine intimité.

Pendant longtemps, le sol était constitué d'un mélange de terre, de balle d'avoine ou de blé, de foin coupé ou de chènevis, d'eau et de cendre de bois. Sa mise en œuvre, la « pilerie de place », était l'occasion d'une belle fête de famille et de quartier, puisque c'est en dansant que le tassement était obtenu.

Souvent, dans ce sol en terre, un petit pavage de schiste, de granite ou de briques sur champ protégeait, ici où là, un endroit stratégique : un mètre carré à la porte, parfois une bande devant l'âtre ou le passage entre deux portes à l'opposé l'une de l'autre.

Là où une demande de confort était plus grande, le sol se couvrait de dalles en schiste ou en granite, le plus souvent de dimensions différentes et taillées en équerre. Dans les maisons plus importantes, il pouvait encore y avoir des carreaux en terre cuite, quelquefois gravés. Quoique généralement fait de simples planches de bois de différentes largeurs, le sol de l'étage pouvait être constitué aussi de solives recouvertes de rondins juxtaposés très serrés avec par-dessus une couche de terre. Chez les plus riches, on posait sur cette couche un carrelage de terre cuite. Cet emploi de quenouilles de bois enrobées de foin et d'argile accrochées aux solives constituait une excellente isolation thermique et sonore.

Autrefois pièce maîtresse de l'habitation, la cheminée, construite sur un modèle unique, était l'objet de beaucoup de soins dans sa réalisation. Non seulement la vie à l'intérieur tournait autour de l'âtre, mais la cheminée, à peu près au milieu du mur pignon, jouait aussi le rôle de structure porteuse. D'une largeur d'environ quatre pieds, l'âtre s'enfonçait de dix à vingt pieds dans le mur. Parfois un arc de décharge était présent dans le fond, ainsi que les énormes corbeaux sur lesquels repose un linteau important et dont les queues font saillie à l'extérieur du pignon, suite au conduit en forme de biseau qui vient épouser le mur et dont on voit quelquefois l'enflement à l'étage.

À Renac, près de Redon, un linteau de cheminée bien protégé par un arc de décharge.

Lumière, authenticité, couleurs, espace, matériaux, mobilier, objets... Personnalités d'hier et confort d'aujourd'hui concourent au bien-être.

Tout le charme de ces menuiseries traditionnelles réside dans l'art des détails, dans les clins d'œil que l'artisan a su faire à la lumière à travers les veines de son matériau. Ci-dessus à Saint-Thual à l'est de la Bretagne, ou ci-dessous à Commana, à l'ouest.

Page de droite. Les embrasures destinées à élargir le chemin de la lumière vers l'intérieur des pièces encadrent avec douceur un petit bouquet d'herbes sèches.

Selon la modestie ou l'aisance du propriétaire, la cheminée aura des jambages ou non, un linteau en bois ou en pierre, des corbelets simples ou ouvragés, des piédroits chanfreinés, moulurés ou à arêtes vives, un manteau couronné d'une corniche ou non.

Le foyer peut être établi assez haut pour faciliter le tirage et le travail de la maîtresse de maison ; la largeur et la profondeur de l'âtre peuvent permettre d'y disposer un banc de part et d'autre, sur la plate-forme d'un lit de pierres bien jointoyées de hauteur variable.

Le fond du mur ou les contrecœurs de l'ouverture étaient pourvus de niches pour différentes utilisations : garder les braises pour la nuit, ramasser les cendres pour la lessive, maintenir le sel au sec, tenir les aliments au chaud. Parfois aussi, un « trou à fagots » est situé à côté de la cheminée.

D'autres niches, plus ou moins profondes, plus ou moins hautes ou larges, placées à des hauteurs différentes et à des emplacements choisis selon leur raison d'être, font partie des « meubles de pierre » prévus et intégrés dans les murs de l'habitat d'autrefois. Elles servaient à mettre à l'abri les rares objets précieux, les verres par exemple ; elles permettaient de disposer les bougeoirs aux endroits stratégiques, de ranger le livre de prières, comme *Les Saints Bretons*, ou de garder au frais la cruche avec l'eau du puits. Moins visibles sont les gaines ou fentes dans le mur, qui sont souvent placées près des ouvertures pour recevoir la barre, en bois ou en fer, qui bloquera la porte ou les volets intérieurs. Il existe même des fentes qui « s'enfoncent » profondément dans le mur, près d'une fenêtre en général, et dans lesquelles on pouvait glisser les outils à longs manches.

L'évier-vaisselier, niche appelée « dalle », est davantage un « meuble » avec souvent une voûte en anse de panier, une ou plusieurs étagères en pierre et bien entendu le conduit d'évacuation des eaux usées.

Sur un « cousiège », banc en pierre construit dans l'embrasure d'une fenêtre, on imagine assise une noble

La Martyre

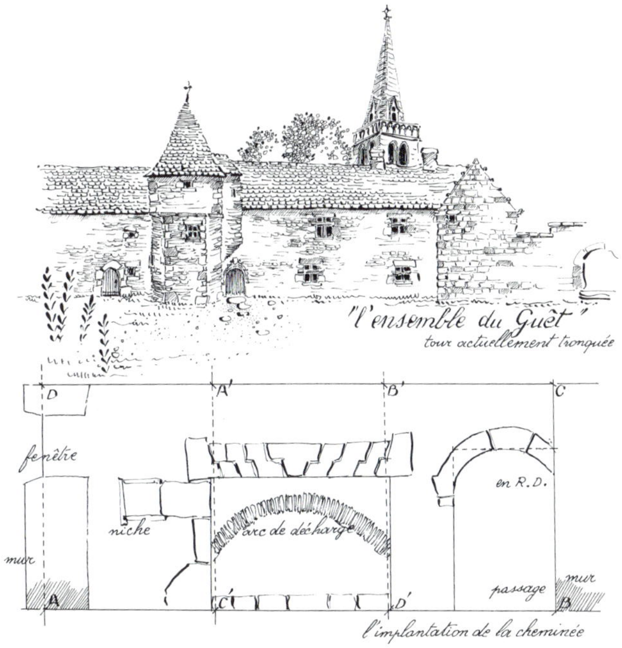

Dans « l'ensemble du guet », l'une des maisons du pourtour du hameau, la cheminée n'est pas implantée au centre du mur, mais au milieu d'un rectangle figuré en ABCD et dont le côté AD est dans le prolongement exact de la menuiserie de la fenêtre, à l'intérieur de son embrasure, et le côté BC dans l'angle du mur situé au piédroit du passage. Ce rectangle se divise en trois parties égales, aux proportions pythagoriciennes, ce qui « place » la cheminée. L'ouverture de celle-ci mord légèrement sur le tracé régulateur afin d'obtenir à son tour un rectangle 3/4/5 d'une hauteur de 4 pieds 8 pouces.

dame rêvant au retour de son preux chevalier bataillant quelque part au pays des non-croyants. Il y en a aussi dans de simples maisons paysannes, du côté de Fougères entre autres.

Un autre meuble essentiel encastré dans le mur, près de la porte, est le charnier, à porc ou à bœuf, qui peut atteindre six pieds de long et sur lequel le riche propriétaire faisait graver son nom.

Aux environs de Saint-Thégonnec, un même renfoncement mais plus soigné, voûté, avec une ou deux tablettes de pierre et une fenêtre au-dessus de la cuve, servait à la préparation du beurre. C'était le « nécessaire à battre », avec son conduit en pierre déversant le petit lait directement dans l'auge de la soue à cochon située sous l'escalier du porche.

Parfois encore, un léger renfoncement dans la paroi indique l'emplacement prévu d'un cache-lit ou d'un vaisselier.

Page de droite. Ici, à La Martyre, entre Landerneau et Landivisiau dans le Finistère, l'ensemble paroissial, le cimetière, les maisons et la campagne environnante ne font qu'un.

L'environnement proche

Particularismes, coloration, fondations, projet, tracé, élévation, toiture et intérieur forment donc un tout.

Cela va de soi !

Néanmoins, une construction considérée isolément, si plaisante qu'elle puisse être, n'est pas seule et n'a de personnalité qu'en relation étroite avec ce qui l'environne.

Il est évident qu'un accord ténu existe entre l'habitation, ses diverses dépendances, leurs couvertures, leurs teintes, le sol sur lequel l'ensemble est construit, la végétation autour, l'eau, le sable, le ciel, le vent même ou le soleil… Cet harmonie, résultat d'une longue entente, d'une complicité même entre l'homme et l'espace qu'il habite, ne permet pas l'introduction, sans mûre réflexion ou à la hâte, d'un élément disparate qui ne peut que créer un malaise indéfini, une gêne dont on ne s'explique pas si facilement la cause.

La plus belle leçon de l'habitat traditionnel et de ce qui l'entoure, de ce que l'on découvre avec tant de joie au détour d'un délicieux chemin creux, frais, fleuri de tous les roses, jaunes et bleus des fleurs champêtres, est bel et bien le fait que ces ensembles dans les campagnes

Comme il en existe encore de nombreux dans tous les coins de Bretagne, un simple portail constitué de deux piliers de pierre colonisés par la mousse, au manoir de Coatcouraval.

Page de gauche. L'environnement donne souvent tout leur cachet aux maisons. Ici, une prairie et un puits extraordinaire, à Bruz, au sud de Rennes.

*Autour des maisons,
des petits chemins,
des rus, des rangées
d'arbres,
des « promenades » mènent
aux hommes
qui vivent non loin,
aux villages, aux bêtes
et aux champs.*

*Page de droite.
L'auge, le seau,
le pot à lait, le puits,
le buis, autant d'éléments
qui « habillent » l'habitat.*

Un groupe de bâtiments aux toits d'ardoises, percés de lucarnes un peu trop grandes, nichés dans les arbres, au creux du valonnement, à Locquirec dans le Finistère.

bretonnes s'intègrent naturellement et avec discrétion dans le paysage, qu'ils s'y dissimulent, que le hameau ou les bâtiments sont merveilleusement bien comme ils sont et là où ils sont, que les paysans constructeurs, véritables architectes du paysage, ont réalisé un équilibre, calculé sans calcul, et qu'ils ont effectué d'instinct, en toute modestie, un travail semblable à celui de l'urbaniste.

Ce qui entoure l'habitat lui est donc intimement lié et mérite autant de compréhension et de respect que « la belle maison » à préserver, restaurer ou réhabiliter…

Qu'il s'agisse d'une crèche ou d'un puits, d'une soue à cochon ou d'un four à pain, d'une grange à lin ou d'une loche pour les charrettes, d'un lavoir ou d'un rucher, d'une écurie ou d'un chenil, d'un séchoir de tannerie ou d'un *kanndi* (buanderie), d'une simple remise ou d'une fontaine, d'une forge ou d'un hangar à pommes, d'une niche à chien ou d'un petit colombier…

Qu'il s'agisse d'un chemin creux ou d'un talus, d'un mur d'entourage ou d'une haie d'aubépines bien taillée pour y étendre le linge à sécher, d'un jardin de curé ou d'une prairie inondable de meunier, d'une allée de châtaigniers ou d'un verger, d'un if protecteur ou d'un noisetier pour le plaisir des enfants… et des écureuils, d'un jardin fleuri pour embellir la maison et les tombes au cimetière ou d'un jardin à légumes…

Qu'il s'agisse d'une auge-abreuvoir devant l'écurie ou d'une gratte-pieds à l'entrée principale, d'une clôture en palis ou d'une barrière avec des pieux en bois, d'une porte de jardin ou d'une dalle enjambant le ruisseau…

À la bonne appréciation, à la bonne compréhension de ce qui fait le charme de l'« autour de l'architecture », ajoutons un texte administratif dont la sécheresse ne nuit en rien à la clarté. Il s'agit de l'article 21 du règlement national du 30 novembre 1961 : *« Éviter ce qui est de nature à porter atteinte au caractère ou à l'intérêt des lieux avoisinants ».*

Page de droite. Une maison à pans de bois à la sortie de Rennes : mariage de terre, de pierres, de bois et de briques pour un habitat parfaitement rénové et adapté à la vie d'aujourd'hui.

REGION RENNAISE
FONS

La campagne du Léon est située face à la mer, comme le montrent le lichen, ces petits champignons jaunes qui s'accrochent sur les blocs de pierre, le muret qui protège les bâtiments des embruns et l'alignement des toitures.

Pour conclure la lecture de la maison

Ce que l'on peut apprendre en regardant la construction, puis en la lisant avec l'attention qui convient à un livre, n'est ni plus ni moins que la récolte de toutes les informations qu'elle contient, puis leur décodage, exactement comme si on était devant un écran d'ordinateur et qu'on lui demandait de nous fournir toutes les données qui se présentent, de manière clairement définie et l'une après l'autre. En quoi la lecture pure et simple du bâti serait-elle incompatible avec le beau, qui « *implique des proportions, des formes et des couleurs qui plaisent aux yeux et font naître l'admiration* » ?

La somme des réponses satisfaisantes aux problèmes posés, quelles que soient l'époque ou la situation, est la meilleure manière d'être éternellement de son temps. Les plus grands architectes novateurs ne l'ont pas été autrement, comme le montre ce texte, écrit par S. Giedon vers 1930, un proche collaborateur de Le Corbusier, Mies van der Rohe, Gropius, Traut, de Rietveld et van Eesteren :

« *L'architecture ne n'intéressera guère à la date d'une construction ni à son auteur. Sa question sera plutôt, qu'a voulu le constructeur et comment a-t-il résolu son problème ? En d'autres termes, il s'agit de déceler la science architectonique, de confronter directement son ego architectonique actuel à une époque passée. C'est en voyageant qu'on a le plus de chances de mener à bien ce genre d'enquête directe.* »

Plus explicite encore est J.-L. Wright – un architecte d'avant-garde, constructeur de la plus que célèbre maison Kaufman en Pennsylvanie (1936), de l'immeuble Johnson dans le Wisconsin (1936-1939), du Guggenheim Museum à New York (1959), etc. – dans son *Conseil aux jeunes architectes* :

« *Considérez qu'il est tout aussi intéressant de construire un poulailler qu'une cathédrale. Les dimensions d'un projet ont peu de signification en art si on écarte la question financière. C'est le caractère de l'œuvre qui compte. Celui-ci peut être remarquable sous un faible volume ou insignifiant dans une énorme masse.* »

« Lire une maison », qu'elle soit modeste ou prestigieuse, en terre ou en pierre, est tout simplement indispensable pour compléter et expliciter ce qui charme le regard et l'esprit, tant il est impossible d'aimer sans savoir.

C'est donc une démarche incontournable si l'on désire réhabiliter ou restaurer une demeure avec un contenu dense, car il est impensable d'entreprendre des travaux sans en connaître le pourquoi et le comment.

L'ancien presbytère de Saint-Thual en Ille-et-Vilaine, restauré dans toute la pureté de ses lignes et de ses matériaux d'origine, respire le confort, le bien-être, l'art de vivre. Il ne s'isole pas du reste du pays tout en « marquant son territoire ».

Page de gauche. À La Chapelle-sur-Erdre, en Loire-Atlantique, un ensemble de constructions solidaires qui ne forme qu'un tout et permet de répartir les espaces de vie et de travail.

Qu'elles soient en bois,
en pierre ou en ardoises,
simplement utilitaires,
charmantes ou artistiques,
les lucarnes parlent
et « collent » au pays
et à son histoire.

Une ouverture dans un mur, c'est une invitation à entrer dans la maison, d'où le soin apporté à son contour, ses menuiseries, ses couleurs.

Double page précédente. Tout près de Brest, cet ancien moulin, rénové et réhabilité, est devenu une confortable résidence située dans un cadre enchanteur.

La porte

En établissant clairement la fonction d'un élément de construction, on le fait apprécier à sa juste valeur. Ceci vaut aussi pour l'ouverture qui permet d'entrer chez quelqu'un ou de sortir d'un lieu de vie. Elle dit de manière juste que « passer la porte », « franchir le seuil », « laisser sa porte ouverte », « mettre quelqu'un à la porte », « refuser sa porte » ou « aller de porte en porte » ne sont pas que des expressions banales ou anodines, mais qu'elles correspondent à ce qui se passe derrière l'huis.

Elle fait comprendre que la porte parle tout à fait logiquement de ceux qui habitent de l'autre côté – parfois de leur travail, souvent de leur statut – et que son emplacement, le matériau employé et sa forme ne peuvent pas ne pas être significatifs. Les pivots du bourdonnier de certaines portes, de hauteurs et de largeurs différentes, tournent dans les réservations prévues dans le seuil de pierre et dans l'arrière-linteau de bois. Les encadrements de portes sont plus ou moins ornés de moulures, de feuillures ou de chanfreins, avec des linteaux droits ou cintrés, en pierre ou en bois. Des ouvertures peuvent présenter des formes inattendues, par exemple des flancs arrondis pour passer des tonneaux. Les portes sont pleines ou avec jour, à lames assemblées ou à panneaux, avec « hu » et « contre-hu » (la partie la plus large revenant sur l'autre), à « husset » ou surmontées d'une imposte.

En plus de sa fonction de passage, la porte doit donc être vue comme une introduction à la demeure, et sa mise en œuvre perçue comme un code.

Les lucarnes et les gerbières

Les lucarnes, comme les gerbières, sont des éléments constitutifs de la maison, particulièrement représentatifs d'un pays à l'autre. Elles rythment la façade et sont autant d'« accents » importants à bien comprendre et donc à conserver.

Bien restaurer une maison traditionnelle ne consiste pas à la priver de tous les éléments du confort moderne, mais à les intégrer discrètement à son architecture ou à son environnement, telle cette piscine créée dans le jardin d'une malouinière.

La porte, comme le reste de la bâtisse, est bien sûr construite pour durer.

Le linteau de bois de cette maison située près du mont Saint-Michel est bien protégé par la lame de pierre qui le surmonte (en haut à gauche).

Les pierres serrées alternant calcaire et schiste de cet arc en plein cintre surmontant la porte d'entrée d'une maison de Bruz ne sont pas prêtes de bouger (en haut à droite).

Les incroyables pierres en schiste de Locquirec entourant la maison proche de la carrière sont d'un appareillage à toute épreuve (en bas à gauche).

Le linteau de cette petite fenêtre située en pays de Renac, bâti un peu en retrait de façon à rester au sec, est un ravissement pour l'œil (en bas à droite).

Les lucarnes, réservées plutôt aux maisons « riches », sont certes une nécessité pour éclairer les combles sous toiture mais elles sont aussi, et quelquefois plutôt plus que moins, une manière d'affirmer, de « marquer » le statut du propriétaire.

Toujours au nu du mur (au même plan vertical que la façade et rompant l'égout de la toiture) et généralement en pierres sculptées, elles comportent un fronton fréquemment plus pentu que le fronton classique des compositions officielles, qui est souvent « bavard » par son décor. Elles renvoient ainsi à l'histoire du lieu, de la commune, de la région, et parfois même à la grande histoire.

En arrière de l'égout, dans les maisons plus modestes, elles sont évidemment en charpente. Les gerbières, habituellement en bois, avec un fronton peint ou non, quelquefois aussi un crochet pour fixer la poulie, toujours en hauteur – aussi bien en forme qu'en dimensions – et plus ou moins larges, permettent d'accéder au grenier par l'extérieur et de monter le foin, les sacs de grains, etc. Bien souvent, elles sont dans l'axe du bâtiment, permettant ainsi de desservir également les deux extrémités du comble.

Mais ce n'est pas une règle, étant donné que cela dépend de la situation de la porte d'entrée – qui ne doit pas être barrée par l'échelle – et, bien entendu, de la composition de la façade, qui tient compte des faiblesses ou des avantages des différentes ouvertures. Sur la porte pleine – jamais vitrée – se voit parfois en découpe, en guise d'aération ou de trou de lumière, un petit cœur, un losange, un trèfle, un carré, une étoile…

Une lucarne en demi-cercle, par sa forme en accent, marque de manière un peu prétentieuse la lucarne d'un manoir. Une petite niche abrite un cœur et une statue de la Vierge Marie afin qu'elle protège les lieux.

Qu'elles soient en bois, en pierre ou en ardoises, simplement utilitaires, charmantes ou artistiques, les lucarnes parlent et « collent » au pays et à son histoire.

Les trous de pigeons

Des rangées de trous, bien alignées, courent parfois tout en haut du mur de la façade de certaines maisons anciennes, ou, mais plus rarement, semblent avoir voulu créer un décor géométrique dans certains pignons. Il s'agit alors de « trous de pigeons », qui correspondent au statut du propriétaire à l'origine de la construction et qui répondent à des règles relativement précises.

Dans son article 290, la *Très Ancienne Coutume* (de Bretagne), rédigée entre 1312 et 1341, précise que « *nul, ni nulle, ne doit faire coulombier s'il n'avait eu anciennement coulombier ou s'il n'est si grand maistre au pays que ceux coulombes ne puissent se pourvoir sur luy ou sur ses hommes* ». Puis, en 1539, l'*Ancienne Coutume* reprend : « *Il n'est permis à aucun de faire coulombier s'il n'avait eu anciennement coulombier* ». En 1580, pour la première fois, il est fait mention de superficie. Il faudra en effet : « *trois cents journaux de terre pour le moins en fief ou en domaine noble et aux environs de la maison en laquelle il veut faire la dite fuye ou coulombier* », avec le droit à un couple de pigeons pour trois arpents – l'arpent est une mesure carrée gauloise divisée en cent perches de 18 à 22 pieds de côté (comme souvent autrefois, les mesures étaient très variables). Les propriétaires avaient donc droit à un couple de pigeons pour quarante à cinquante ares environ. La superficie exigée, et donc le nombre de trous, se trouve très réduite en 1683 puisqu'un acte concernant le domaine de Vaucouleurs précise que la surface de terre de cinquante journaux permet la possession d'un colombier.

Enfin, en 1642, le sieur Cillart, roturier, est reconnu propriétaire du manoir du Couet Digo, avec colombier, etc.

Il y a donc un certain flou quant au droit de colombier en Bretagne, même si, en règle générale, il s'agit d'un privilège de la noblesse, pour qui le colombier devient

À Saint-Sauveur, pas loin de Landivisiau, un pigeonnier remarquablement intégré dans la façade en avancée d'une maison de paysan-tisserand que décorent superbement les « logements » de trente-cinq couples de pigeons.

une sorte d'emblème… ce qui aboutit à l'abolition du droit de colombier le 4 août 1789 : « *Le droit exclusif des fuyes et colombiers est aboli* ».

Le terme « fuye », utilisé anciennement pour désigner le colombier, vient de l'introduction des pigeons sauvages capturés pour peupler les colombiers et qui, d'instinct, fuyaient la compagnie des hommes.

La ferronerie

Tout étant affaire de détail, la sensibilité d'une main d'artisan, la justesse du geste d'un forgeron, la précision du trait d'un compagnon, la ciselure spontanée d'un apprenti, le poids d'un marteau sur un morceau de grille porté au rouge, la qualité d'une matière employée, font que la ferronnerie ancienne se caractérise visiblement et au toucher par ce qui est propre au travail à la main.

Les serrures, verrous, espagnolettes, loquets, mentonnets, crochets de contrevents, marteaux de porte, anneaux divers, tiges, clous forgés (plus longs que l'épaisseur du bois pour pouvoir retourner et aplatir la pointe sur l'autre face), les ferrures, pattes à pointe ou à lambris, fiches, gonds et pentures, bandes de fer, fers de

À Lanrivain, dans les Côtes-d'Armor, cette maison noble, dont on aperçoit le haut de la tourelle d'escalier située sur la façade arrière, révèle, sur la façade principale, l'importance sociale de son propriétaire symbolisée par l'alignement des trous de pigeon bien visibles.

Double page précédente. Cette demeure de Renac, non loin de Redon, en Ille-et-Vilaine, située dans un paysage de landes assez austère, montre bien la volonté d'allier esthétique et fonctionnalité : le schiste délité et foncé utilisé pour la construction des murs contraste fortement avec les entourages des ouvertures en granite très clair.

défense ou grilles ne sont jamais tout à fait symétriques par rapport à un axe. Les arêtes du métal ne sont jamais trop vives et les pièces ont toujours une certaine épaisseur. Il se dégage de cette façon de faire une authenticité et un charme que rien ne peut remplacer, une saveur qui n'est pas mesurable mais qui donne à celui qui regarde le détail, s'ajoutant aux autres détails constituant le tout, un sentiment de bien-être et de grande satisfaction.

Faisons donc nôtre ce qu'écrivait J.-F. Blondel dans son ouvrage *De la Distribution des maisons de plaisance*, en 1737 déjà : « *Quelquefois, on néglige de faire faire exprès ces ferrures, par la facilité d'en trouver dans les magasins des marchands, mais on ne doit point avoir recours à un pareil expédient. Il est beaucoup mieux d'en faire faire des modèles appropriés et relatifs au lieu où on les met en usage* ».

La ferronnerie, un détail qui compte et qui révèle le degré de finition d'une architecture.

L'ardoise

Bien qu'il soit vraisemblable que jusqu'aux XVIe et XVIIe siècles, la couverture de la plupart des maisons, de beaucoup d'églises, de chapelles et de châteaux aussi était végétale, faite de « gleds » – chaume, genêts, branchages –, les toits en ardoises sont devenus depuis l'une des caractéristiques principales de l'habitat traditionnel breton.

Extraite de carrières à ciel ouvert, l'ardoise de Bretagne, généralement bleue, quelquefois verte, est un schiste argileux à grain fin et dur dont la fissibilité est le résultat

Que ce soit une penture de porte, un heurtoir en forme de petite main ou de tête de cheval ou une grille, la ferronnerie est souvent fabriquée et posée avec un raffinement qui s'ajoute au nécessaire. Les forgerons participent ainsi à la réalisation et au décor de la maison au même titre que les maçons, les charpentiers et les couvreurs.

des pressions et du laminage exercés au cours des plissements de l'écorce terrestre. Elle est formée de silice et de silicates complexes d'alumine, et donc inaltérable à l'air et inattaquable aux acides. Elle est imperméable à l'eau et non poreuse, donc non gélive. De plus, son coefficient d'élasticité est pratiquement le même que celui du laiton et du cuivre, et sa résistance à l'écrasement est analogue à celle du granite le plus dur.

D'une épaisseur variable, de 2 à 8 mm – au-delà, on dit lauze d'ardoise –, l'ardoise présente toujours un endroit et un envers. Elle est taillée en biseau sur les quatre côtés, appelés « chefs », et doit bien entendu être posée « à l'endroit » pour faciliter l'écoulement de l'eau.

Le rucher

L'apiculture est pratiquée de manière parfaitement organisée depuis plus de quatre mille ans déjà, comme le montre une fresque sur le bas-relief du temple du Soleil de Neusserre, construction de la ve dynastie, à Abu Ghorad en Égypte. Les ruches y sont dessinées comme des rouleaux cylindriques stockés en batterie. Ces ruches, fabriquées avec des roseaux de trois pieds de long et d'un pied de diamètre, sont enduites de boue et rangées couchées, en lignes horizontales. Elles se présentent tout à fait comme les ruchers traditionnels aujourd'hui encore en exploitation le long du Nil.

Cette disposition simple, mais pratique et efficace, est relatée aussi quatre siècles avant notre ère par Aristote

Les anciens ruchers de Bretagne étaient souvent intégrés à la construction. Le mur pignon comportait un certain nombre de niches maçonnées dans lesquelles les ruches de paille étaient posées, abritées ainsi de la pluie ou des embruns.

Les ardoises de ce petit manoir de Saint-Martin-des-Champs, dans le nord du Finistère (en haut), coiffent la maison d'une manière très différente de celles des maisons de pêcheurs de Sarzeau, dans le Morbihan (en bas).

dans son *Histoire des animaux* : « *... elles [les abeilles] enduisent la ruche jusqu'au fond pour se protéger des autres bêtes* »... puis par Varron, trois siècles plus tard, dans *De l'Agriculture* : « *... d'autres les font en carrées [les ruches], ou les disposent par rangées sur des traverses, le long des murs en évitant de les serrer les unes contre les autres et de les bousculer. Il convient de laisser le même intervalle entre le premier et le deuxième et le troisième rang* »... Plus précis encore est Columelle, cinquante années plus tard : « *... d'élever tout le long du lieu où on les placera, une assise de pierres de trois pieds de hauteur sur une épaisseur égale. Après quoi, on posera sur cette muraille soit des ruches de briques, soit des ruches maçonnées pour trois côtés... Il suffit qu'il y ait trois rangs de ruches distribués les uns au-dessus des autres* ». Et Pline l'Ancien (23-79) de poursuivre : « *L'emplacement de la ruche ne doit pas être chaud sous la canicule, mais tiède en hiver* ».

Ainsi la construction du rucher est-elle clairement définie depuis la plus haute Antiquité. En Égypte, dans l'Atlas, autour de la Méditerranée jusqu'au Tyrol et dans les vallées s'ouvrant vers l'est, il est surtout question de ruches horizontales – en roseau, boue, saule, osier, bois, écorce, troncs d'arbre évidés, poterie. En Bretagne, tout au moins depuis bien longtemps, il n'y a trace que de ruches verticales, traditionnellement tissées en écorce de ronces. Pourtant, il n'y a guère de différence entre un rucher dans le Trégor et ceux que l'on trouve en Galice ou en pays berbère.

Soulignons aussi que ces « murs d'abeilles » ont, vers le milieu du siècle dernier, contribué pour une très large part à la prospérité de Morlaix et de sa région ; c'est ainsi que les 345 navires fréquentant le port de cette ville en 1831 chargeaient dans leurs cales, et en bonne place, le miel parmi les autres produits exportés vers les pays du nord, comme les graines, les beurres, des graisses, le papier, le plomb, les chandelles, le cuir ou encore la bière.

La charpente

La charpente est l'assemblage de bois qui supporte la toiture, donc un élément essentiel d'une construction. Elle en précise même le volume, et se doit de répondre avec la plus grande justesse aux multiples contraintes structurelles, climatiques et accidentelles inhérentes à tout bâtiment qui a vécu et qui vit.

Structurellement, elle doit être homogène pour s'opposer à tout affaissement et afin de répartir équitablement et verticalement le poids sur les murs pour en éviter toute déformation. La charpente doit aussi satisfaire aux exigences de l'habitant ou de l'exploitant, permettre l'aménagement des combles, la greffe des éléments de gerbières ou de lucarnes, les ajouts pour les avancées ou les tourelles.

La rangée de trous disposés sous la toiture de cette petite maison de Châteauneuf-du-Faou permettait de fixer un échafaudage afin d'entretenir la toiture.

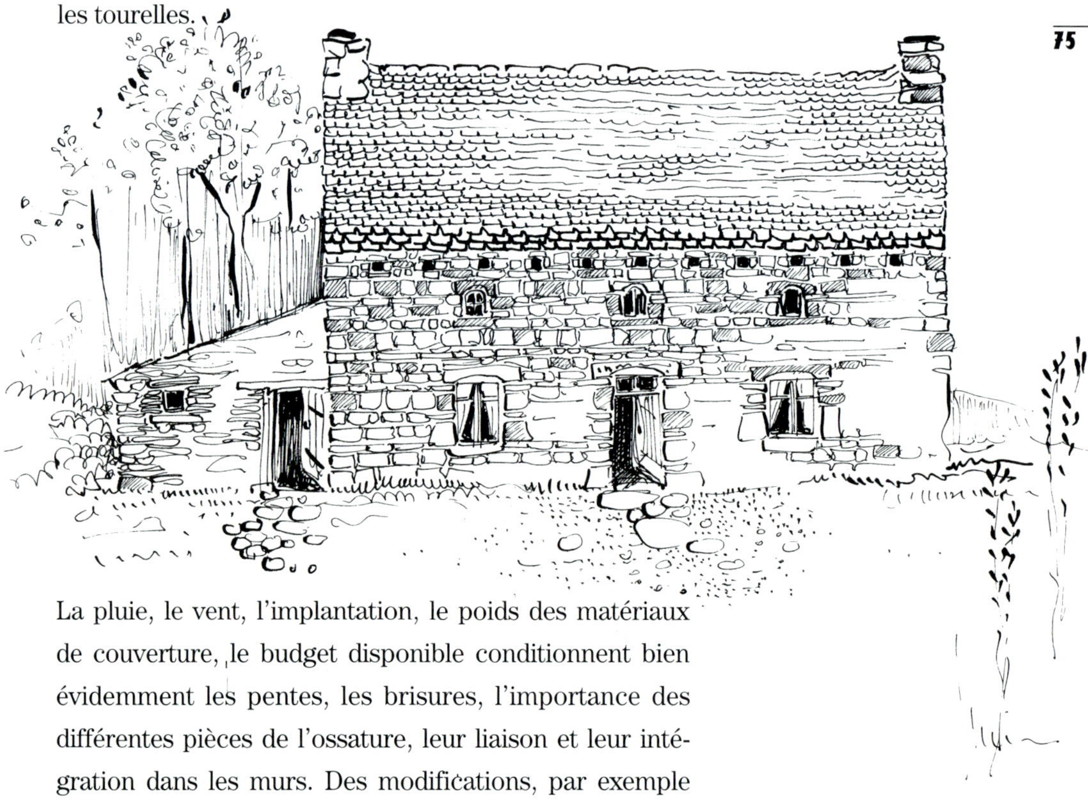

La pluie, le vent, l'implantation, le poids des matériaux de couverture, le budget disponible conditionnent bien évidemment les pentes, les brisures, l'importance des différentes pièces de l'ossature, leur liaison et leur intégration dans les murs. Des modifications, par exemple entraits ou poinçons coupés, ou détriangulation des fermes, ont pu intervenir, soit à cause d'événements imprévus, soit par des réparations plus ou moins réussies, ou encore parce qu'il y a eu des réaménagements – rehaussement des murs, utilisation nouvelle des combles, création d'ouvertures, extensions, etc.

Comme toute autre partie de la maison, la charpente est l'un des éléments fondamentaux d'un tout, une source de renseignements et la traduction du savoir-faire des artisans. Pendant des travaux de restauration ou de transformation, il est donc impératif de bien relever et respecter les souvenirs et les traces d'éléments de l'ancienne charpente, de ne pas en faire disparaître des fragments significatifs, de récupérer tout ce qui est réutilisable et, si l'on veut conserver ce qui est traditionnel, d'accepter que des pièces de bois, si frustes qu'elles puissent paraître, correspondent à l'âme de la maison – au même titre que le beau linteau mouluré, la belle pierre datée ou la cheminée tellement accueillante.

Le lignolet

À l'intérieur du pays, la finition du raccordement des deux versants de la toiture peut se faire par un faîtage qui consiste à faire dépasser les ardoises du côté le moins exposé au vent et à la pluie. C'est ce que l'on appelle un faîtage en lignolet.

Plus élégant, mais aussi plus fragile, est le faîtage fait d'ardoises découpées de façon à s'emboîter alternativement d'un versant et de l'autre pour assurer la protection des deux pentes. C'est une particularité des monts d'Arrée, donnant lieu à un art populaire avec des ardoises qui s'ornent en découpe, comme des ombres chinoises, de dessins généralement traditionnels, comme ceux que l'on voit sur les costumes, les coiffes, le mobilier, voire sur les sabots ou les cuillères en bois : spirales, étoiles, cornes de bélier, etc.

Parfois, une date se découpe sur le ciel, ou des initiales. Et plus récemment, on a fait courir sur le haut des toits des chiens, des chevaux, des moutons, des cochons, la fermière ou le fermier…

En Bretagne, comme dans beaucoup d'autres régions, les maisons à pans de bois ne se rencontrent pratiquement plus qu'au sein des bourgs et des villes.

Le bourg

Comme pour les maisons isolées, ce sont des contraintes de tous ordres qui implantent et qui façonnent les villages et les bourgs. Proches des côtes, elles se protègent contre les intempéries en se resserrant, en restant basses, en clôturant la moindre courette et en créant un tissu urbain avec des rues et des ruelles pour empêcher le vent de s'y engouffrer.

À l'intérieur des terres, les habitations s'orientent souvent au gré des besoins ou des envies des uns et des autres, davantage soucieux de leur confort que de l'alignement ou de principes d'urbanisme quelconques.

Le long d'une voie de communication, le village de rue n'était que l'une des étapes qui jalonnaient les grandes routes parcourues par les voyageurs et les marchands. Les constructions ont alors « pignon sur rue », parfois des étages en encorbellement et à pans de bois, des vitrines alléchantes, des portes cochères pour le passage des chevaux et des charrettes…

S'il y a convergence de plusieurs chemins reliant les fermes isolées et les hameaux dispersés au bourg, celui-ci présente le plus souvent un regroupement des constructions autour d'une zone centrale qui témoigne de l'étroitesse des rapports économiques et sociaux d'une collectivité locale. La vie communautaire intense est alors soulignée par l'église, la mairie, le presbytère, l'école, les commerces, le four à pain, le puits, le lavoir, la forge…

Par son passé, par sa fonctionnalité spécifique, par son implantation géographique, chaque village a ainsi développé une identité bien définie et une communauté chaque fois particulière.

Croisement, lieu de passage et de rencontre, intermédiaire entre la ville et la campagne, passerelle entre les traditions et les nouveautés, le bourg est le meilleur moyen d'observer les coutumes collectives et de prendre conscience de la variété et de la richesse de l'environnement social, économique, matériel, technique et intellectuel de tout un pays.

À Commana, dans les monts d'Arrée, toute l'activité de la campagne environnante converge vers la place centrale du bourg.

L'angelot ne protège pas la demeure, mais honore la maîtresse de maison.

Les marques de statut

Sur les linteaux droits ou en arc à claveaux, en plein cintre ou surbaissés, avec ou sans clé de voûte, sur les lucarnes, parfois sur les souches de cheminée, les tailleurs de pierre bretons ont fréquemment laissé libre cours à leur imagination dans des décors sculptés, accolades, festons, chanfreins, moulures diverses, représentations religieuses ou professionnelles.

Bien souvent, aux endroits les plus visibles de la construction, parfois protégés par un larmier, se voient une date, un nom, un monogramme, un insigne de métier, l'emblème d'une corporation. La marque de fabrique qu'un marchand fait sculpter sur sa façade, à l'imitation du blason sur le manoir, a pour but que nul n'ignore son rôle ni son poids social. Sur le presbytère s'affiche clairement qu'ici siège le représentant de Dieu. Sur la maison cossue, la pierre portant le « faict faire » suivi du nom du maître de logis et celui de son épouse indique joyeusement la fierté du couple qui s'installe. La petite croix chaulée de blanc sur le linteau en chêne de quelque modeste demeure pour demander la protection divine n'est pas moins touchante.

À l'image des enseignes des boutiquiers qui embellissent le cœur des villes anciennes, ou des logos omniprésents aujourd'hui, la société rurale d'hier était soucieuse d'identification, de hiérarchie, de signalisation.

Il ne faut pas confondre les marques de statut avec les marques de tâcherons qui, par le traçage de signes plus ou moins conventionnels, indiquent quel ouvrier a procédé à telle ou telle taille. Il ne faut pas non plus les confondre avec les signes compagnonniques qui se trouvent en général sur des constructions bien spécifiques et se composent à partir du XVIe siècle du nom du compagnon, en entier ou en abrégé, souvent accompagné d'une date et d'outils de travail permettant d'identifier l'appartenance à une corporation. Au Moyen Âge, ces signes, imprégnés de symbolique, étaient tracés autour d'un point central, la « clef ».

*Que leurs noms
y soient gravés,
qu'on leur fasse
un clin d'œil
ou que l'on indique
leur métier,
l'homme et son épouse
sont souvent « visibles »
sur la façade
par la présence
un peu mystérieuse
des marques de statut.*

L'environnement géomorphologique et végétal

« **E**t ce sont les Français les plus humbles, les laboureurs qui ont dessiné le paysage de la France, qui est remarquable. Que s'est-il passé ? Ont-ils subitement perdu le sens de la beauté, de l'harmonie ? Je ne le pense pas. Je crois que le grand handicap c'est le matériau. Car aussi longtemps que les Français ont construit avec leurs tuiles ou leur chaume, ils ont fait des choses belles. Ce qui rend souvent les nouvelles constructions très choquantes, c'est le béton mal employé. »

Françoise Giroud
secrétaire d'État à la Culture en 1976

Le minéral

L'histoire géologique, longue de deux milliards d'années, a évidemment modelé le relief de la péninsule bretonne, avec pour épine dorsale la chaîne hercynienne, formée à la fin de l'ère primaire.

Depuis, cette haute montagne a été intensément érodée jusqu'à devenir la pénéplaine actuelle : son relief doux est, dans ses grandes lignes, directement dépendant de la résistance à l'érosion des différentes roches du sous-sol.

Les zones les plus hautes correspondent à des croupes ou à des barres gréseuses d'orientation générale est-ouest et dont les points culminants sont les « menez » de l'ouest de la Bretagne.

Le mont Saint-Michel de Braspart (381 m), le Tuchen-Gador (384 m), le Menez-Hom sont formés de grès quartzites, roches particulièrement résistantes à l'érosion. D'autres crêtes sont constituées de schistes sombres qui hérissent leur sommet : ce sont les « rocs » de l'ouest breton, tel le roc Trèvezel. D'autres zones hautes, au relief varié, très vallonnées et riches en petits cours d'eau, correspondent à des granites :

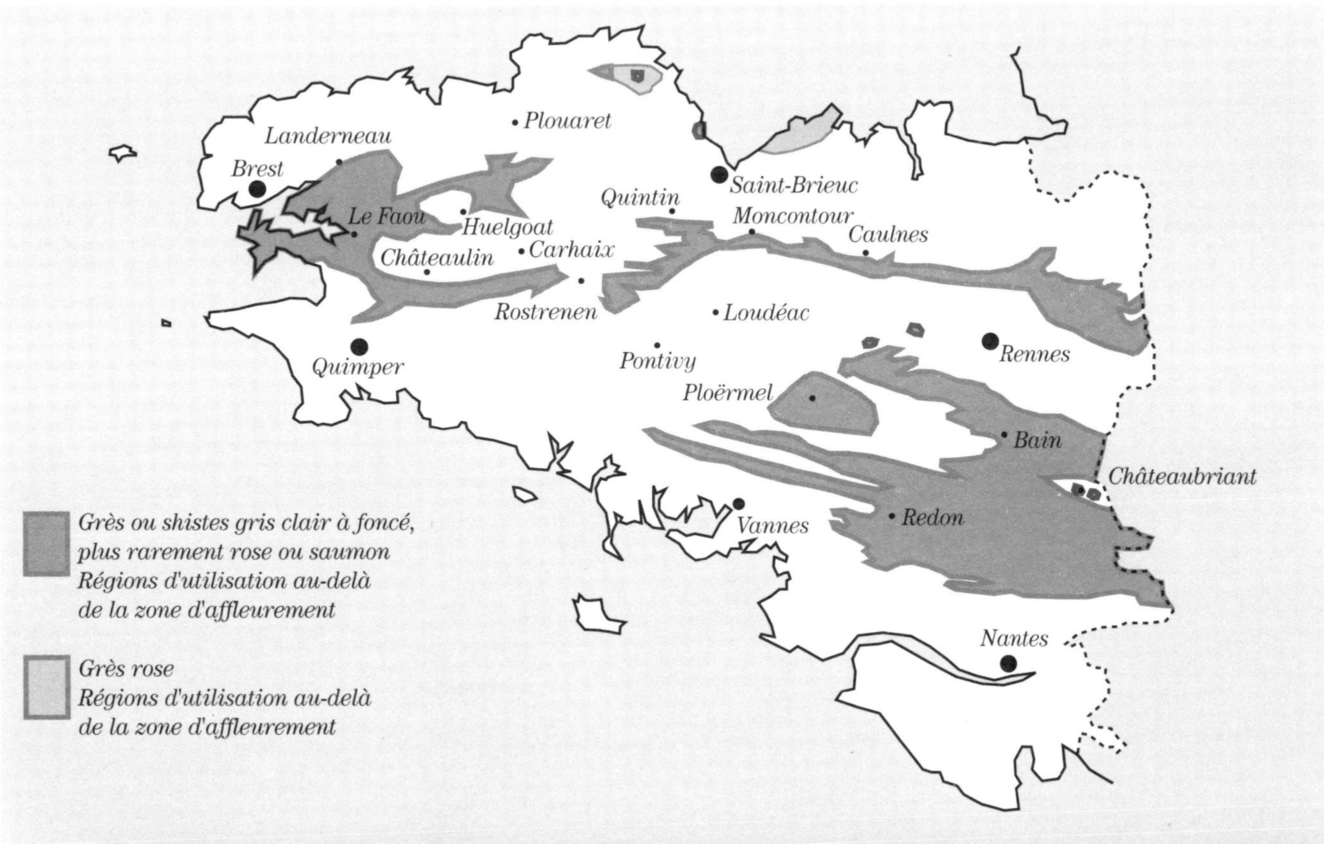

Grès et schistes gris clair à foncé et grès roses. Carte des gisements et zones traditionnelles d'utilisation des matériaux en dehors de leurs terroirs d'extraction.

Le granite.
Carte des gisements
et zones traditionnelles
d'utilisation courante
du matériau en dehors
de ses terroirs d'extraction,
ou il est plus spécialement
utilisé pour la construction
des encadrements
d'ouvertures
et des chaînes d'angle.

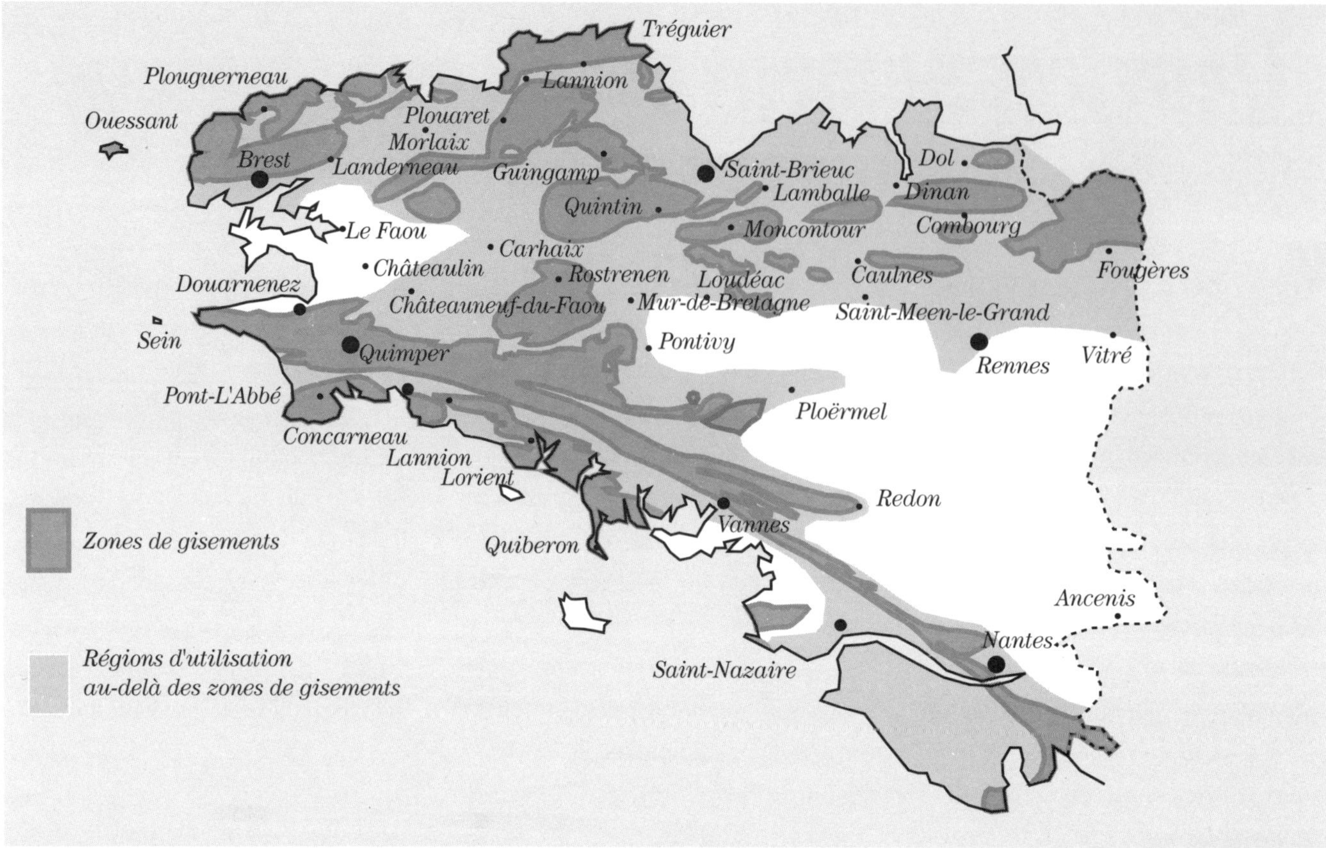

Les schistes noirs,
gris et verdâtres.
Carte des gisements
de schiste et zones
traditionnelles d'utilisation
courante du matériau
en dehors de ses terroirs
d'extraction.
La terre : zones
de construction de murs
en terre banchée,
principalement localisées
au nord de Rennes.

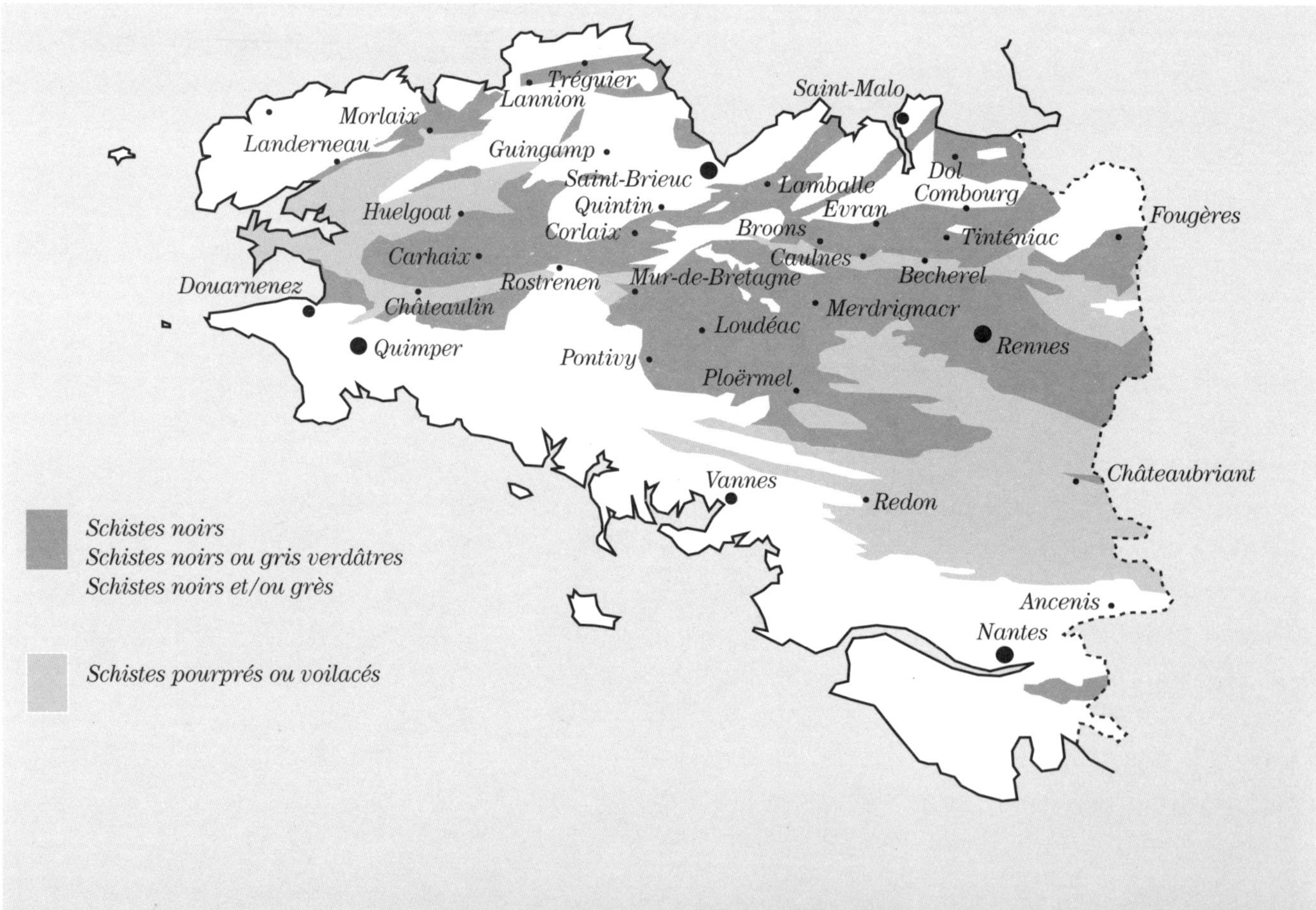

les landes de Lanvaux et le « sillon de Bretagne », les granites de la région de Fougères. Dans ces zones, les bois, les landes, les champs sont souvent parsemés de boules rocheuses épargnées par l'érosion et qui peuvent être de belles dimensions.

Exceptionnellement les granites, s'ils sont intensément altérés, peuvent former une dépression : c'est le cas du Yeun Elez près de Brennilis.

Une autre région haute et très caractéristique à cause de son schiste pourpré, parfois recouvert de grès quartzite, est le pays de Brocéliande, avec des crêtes où la roche subaffleure, favorisant un paysage de landes.

Quant aux bassins de Rennes et de Messac, aux marais de Dol et de Redon, ils sont le résultat de l'altération des schistes peu résistants du début de l'ère primaire.

Enfin, l'une des grandes originalités de la région est bien sûr son littoral profondément découpé en fonction des grandes fractures géologiques et de la nature des roches. Les crêtes de grès quartzite se terminent sur la côte par de hautes falaises comme celles de Pen-Hir en presqu'île de Crozon, tandis qu'aux schistes correspondent des baies, celle de Douarnenez par exemple. Conséquence de la remontée du niveau de la mer depuis la fin de la dernière glaciation, les estuaires sont de dimensions disproportionnées par rapport aux rivières souvent modestes, ces « abers » qui s'enfoncent profondément dans les terres.

Le végétal

Le bocage qui caractérise pour l'essentiel la région est hérité d'un lointain passé de déforestation et de mise en culture dès le néolithique et classiquement considéré comme progressif jusqu'au Moyen Âge. Des recherches archéologiques récentes (Gilles Leroux, Penn'ar Bed, 1993) mettent en évidence un paysage déjà très humanisé et avec un bocage sans doute créé dès l'époque gallo-romaine. Ce type d'organisation de l'espace, riche et varié, caractérisé par des clôtures végétalisées continues, est rare à l'échelle mondiale. Le bocage en talus est presque exclusif de l'Europe atlantique, de la Galice espagnole à l'Écosse. En Armorique, les talus et les haies étaient en continuité et dessinaient un maillage serré avec des champs de taille humaine se mesurant en journaux ou en sillons (1 journal = 50 ares).

Le granite des constructions traditionnelles provenait toujours du sous-sol du pays. Église de Loc-Éguiner.

Les talus sont des levées de pierres et / ou de terre. Végétalisés, ils ont permis la conservation des essences de la forêt primaire ou des landes : broussailles, ajoncs, fourrages, genêts…, d'arbustes tels les noisetiers ou les prunelliers, et d'arbres émondés ou non.

Ils jouent un rôle hydraulique important en ralentissant le ruissellement, donc en favorisant l'alimentation de nappes aquifères peu profondes, ceci d'autant plus que ces clôtures ont tendance à suivre les courbes de niveau suivant les lignes de plus grande pente. Pour ces mêmes raisons, ils ralentissent l'érosion des sols labourés. Ils protègent aussi les bêtes et les cultures du vent. Une étude de l'INRA (Institut National de la Recherche Agronomique), réalisée en Bretagne, met en évidence la protection micro-climatique des haies qui entraîne :

- une diminution de 30 à 50 % de la vitesse du vent,

■ une réduction de 25 à 30 % de l'évapo-transpiration,

■ une augmentation de 1 à 2 % de la température diurne du sol, augmentation modeste en apparence mais qui accroît la précocité des cultures,

■ une augmentation de rendement dans la zone protégée dont la largeur correspond à dix fois la hauteur des haies. Cette augmentation peut aller jusqu'à 20 % pour le maïs.

Le rôle de brise-vent n'est permanent que si la haie comprend majoritairement des arbres et arbustes à feuillage persistant. Une haie composée de multiples essences présente des avantages écologiques en cas de maladies de certains végétaux ou d'invasion d'insectes. Elle offre aussi une plus grande variété de coloris grâce à la succession des feuillages, des fleurs, des fruits et, en hiver, grâce à la couleur des rameaux.

Proches de l'habitat, des hameaux ou des bourgs, les végétaux ajoutent à leur rôle de régulation une fonction utilitaire.

L'élasticité de l'orme était appréciée pour la séparation des bêtes dans les étables, pour les brancards et les moyeux des charrettes, et ses feuilles servaient de nourriture aux cochons.

L'ormeau isolé, battu par les vents et durci au souffle des tempêtes, puis frotté de lard et exposé sur toutes ses faces à un feu d'ajoncs, pour que la graisse imprègne le bois et le durcisse, était transformé en jougs par le paysan.

Le frêne était utilisé comme bois d'œuvre ou pour faire des sabots.

Le chêne, au bois dur, est parfait pour les poteaux de toutes sortes. Il entre dans les charpentes, sert à fabriquer des barriques. Dans la cheminée, il fait de la bonne braise. Les glands font le bonheur des cochons et les écorces ont permis l'extraordinaire développement des tanneries.

Le châtaignier, introduit par les Romains, est connu pour son bois imputrescible et pour sa teneur en tanin. C'est un bois de choix pour les charpentes, la menuiserie et l'ébénisterie. Il servait aussi à la tonnellerie, à fabriquer les roues des moulins, des vannes. Recepé, il fournit des piquets de clôture et du bois de chauffage. Enfin, les lattes de châtaignier, bois facile à fendre, étaient utilisées pour les toitures des moulins à vent, les bardages, les torchis. Et on sait combien était important l'apport des châtaignes dans la nourriture.

Le merisier, qui a besoin de lumière, est un arbre qui drageonne et se maintient donc bien dans les haies. C'est un beau bois d'ébénisterie, et ses fruits sont aimés des oiseaux et des enfants.

Le hêtre, plutôt un arbre de forêt, servait à faire des sabots.

Le tilleul ne donne pas seulement une tisane, mais aussi un agréable ombrage dans les cours et, comme l'érable, il est recherché pour son nectar par les abeilles.

L'if, avec le genévrier, est le seul résineux d'origine dans notre région où le pin n'a été introduit qu'au XIXe siècle. Sa frondaison épaisse abrite du vent et, bien orienté, il protège les habitations contre l'incendie. Son bois servait à faire les moyeux et les rayons des roues des poulies.

Le verger était conçu de manière que la production fruitière soit le plus possible étalée dans le temps. Le pommier est, et de très loin, l'arbre fruitier le plus commun pour les pommes à cidre comme pour les pommes « à couteau », bien que la consommation du cidre ne se soit développée qu'à la fin du XVIIIe siècle. On attribuait aussi au pommier, près de la maison isolée, la propriété de la protéger de la foudre. Pruniers, cerisiers, poiriers, pêchers et cognassiers occupaient aussi une bonne place dans les vergers, variable selon les régions.

À ces arbres s'ajoutent encore les bouleaux « acacias », les robiniers faux acacias, les charmes, etc.

La végétation des talus et des haies n'était pas moins « utile » que tel ou tel arbre.

L'aubépine, mellifère et médicale, y est accompagnée de viornes et de prunelliers.

Les fruits du sureau noir sont consommés en confiture, le noisetier apporte ses noisettes à croquer et pour jouer aux billes, le sorbier est décoratif et ses fruits sont un régal pour les oiseaux.

Le laurier donne du goût aux aliments, à la viande dans le charnier, et il parfume le linge dans les armoires.

Le gui était accroché entre les jambons et autres viandes pour empêcher les rats et les souris de les approcher.

Le cornouiller, aux rameaux roux décoratifs en hiver, était utilisé pour les manches d'outils tout comme le houx, qui servait aussi à ramoner les cheminées.

Avec le buis, on fabriquait des cuillères, le « rozell » pour étaler la pâte des crêpes et le « spanell » pour les retourner.

La lande chauffait les fours, les fougères servaient de litière dans les étables, voire dans les lits clos. Les paniers étaient en saule.

Ces arbustes sont accompagnés d'ajoncs, de genêts, de bruyères, de lierres, de chèvrefeuilles aux fleurs parfumées, de mûres, de framboisiers, de groseilliers.

Enfin, les landes sont des formations végétales denses bien représentées en domaine atlantique sur sous-sol siliceux. Elles colonisent préférentiellement les terrains au sol squelettique tels les crêtes gréseuses des monts d'Arrée, de la montagne Noire, des collines du Méné, les grès et les schistes du pays de Brocéliande, la bande granitique des landes de Lanvaux. Les parties « hautes » couvertes de landes contrastent avec les vallons où, sur les pentes et surtout au fond, le sol plus profond permet le développement de bois, ou l'installation de bocages pâturés.

Les landes littorales sont battues par les vents à dominante ouest / sud-ouest et ont aussi à supporter les brouillards salins. Ces conditions climatiques sévères ne permettent que l'installation de landes rases qui se parent de couleurs superbes à la floraison des ajoncs et des bruyères. Dans ces zones, ce sont surtout les vallons un peu abrités qui autorisent la croissance des arbres. Sur la lande elle-même, les arbres sont rares et leur anémie marque puissamment le paysage.

L'eau

Les marais sont des zones de champs ouverts parcourues de canaux de drainage souvent soulignés par des alignements de saules têtards et d'osiers qui servent à la vannerie. Dans ces zones où l'habitat se réfugie sur les buttes, à l'abri des inondations, c'est l'eau de pluie, récupérée par une gouttière et stockée en citernes, qui répond aux besoins domestiques.

Dans les polders aux paysages où

Le gneiss, les migmatites et granites orientés. Carte des gisements.

Les matériaux de cette maison du Morbihan sont entièrement « tirés du sol » : les pierres qui constituent les murs, le bois de la charpente et le chaume qui recouvre la toiture.

seuls les rideaux de peupliers plantés sur les digues successives interrompent la monotonie, la présence de la nappe d'eau salée à quelques mètres seulement de la surface interdit les puits pour l'alimentation : là encore, c'est l'eau de pluie qui a longtemps été utilisée.

Dans les zones alluviales, le long des principaux cours d'eau où l'habitat reste sur les versants, les fonds de vallée sont surtout utilisés en prairies parsemées de mares pour les troupeaux. Les rives des cours d'eau sont bordées d'aulnes, qui est un bois d'œuvre, et de trembles.

À ces deux particularités près, c'est généralement la présence de l'eau souterraine et de ses sources qui a été déterminante pour l'implantation des hameaux. Mais l'eau souterraine n'est pas partout présente de la même façon.

Les innombrables petites nappes suspendues des arènes granitiques ou gneissiques sont omniprésentes dans les régions granitiques. Elles satisfont les besoins en eau de l'habitat avec l'installation d'un puits qui peut être individuel, très proche de la maison et flanqué de ses auges, ou bien collectif. Ces nappes sont aussi exploitées au niveau des lignes de sources situées à des hauteurs variables sur les versants.

Les placages de limons sont eux aussi des nappes aquifères intéressantes autorisant une dispersion de l'habitat. Les grès par contre renferment des nappes souvent trop profondes pour être accessibles aux puits traditionnels.

Dans les zones schisteuses, dans les grès, dans les granites sains, les nappes n'existent pas parce que ces roches sont imperméables. L'eau souterraine circule alors dans les réseaux de fissures. Les sources en relation avec ces fissures sont en général à débit régulier, intarissable. Ces sources ont bien sûr été utilisées pour l'habitat épars mais souvent ces eaux minéralisées et permanentes ont fait l'objet de cultes anciens christianisés. Ce sont elles qui ont été vénérées et qui sont ornées de superbes fontaines auprès desquelles ont souvent été construites des chapelles.

Dans les zones d'habitat de terre, notamment le bassin de Rennes, le trou créé par l'extraction de la terre de construction est ensuite occupé par la mare aux canards attirant insectes aquatiques, batraciens et oiseaux qui viennent s'y abreuver ou même nicher comme les poules d'eau.

L'eau, si nécessaire à l'habitat, peut devenir une gêne, notamment si le terrain en pente a entraîné la conception d'un appentis semi-enterré. Dans ce cas, la circulation des eaux d'infiltration était détournée par un fossé dont la profondeur correspondait au rabattement souhaité.

Restaurer en Bretagne

« Le merveilleux d'une maison n'est pas qu'elle vous abrite et vous réchauffe, ni qu'on en possède les murs, mais bien qu'elle ait lentement déposé en nous des provisions de douceur. »

A. de Saint-Exupéry

Avant toute réhabilitation d'un bâtiment ancien, il est absolument nécessaire de faire examiner en détail tout ce qui le constitue : situation du lieu, fondations, maçonnerie, charpente, couverture, aménagements successifs, pans de bois, etc. afin d'en déceler tout désordre et ses causes éventuelles, mais aussi, et c'est important, pour connaître les techniques mises en œuvre afin de proposer les remèdes adaptés et pour faire les choix qui ne compromettront pas la pérennité de la construction.

Il va de soi qu'une telle lecture et les travaux qui s'ensuivent ne peuvent être faits que par des personnes qualifiées, étant donné que bien souvent des solutions inspirées de techniques modernes et satisfaisantes au premier abord peuvent générer des désordres à plus long terme compromettant du même coup la valeur intrinsèque d'un patrimoine.

Les fondations

Bien qu'il existe parfois des systèmes de drainage, pas toujours faciles à déceler, des pierres spécifiques comme le quartzite ou des feuilles de schiste qui font office de barrières anti-capillarité, de gros blocs de pierre ou une emprise en « patte d'éléphant », ou encore un sol lui-même significatif, le bâti

Un manoir à Plougonven, près de Morlaix. Comment ne pas être émerveillé en constatant l'intelligence et la technicité de ces pierres « qui s'emboîtent » ?

Étude des proportions et de la répartition des ouvertures avant un projet de restauration en Plouigneau. Pas d'uniformité dans la répartition des ouvertures, pas de désordre non plus, mais un raisonnement sage pour que la construction ne soit pas une coquille vide, mais bien une maison.

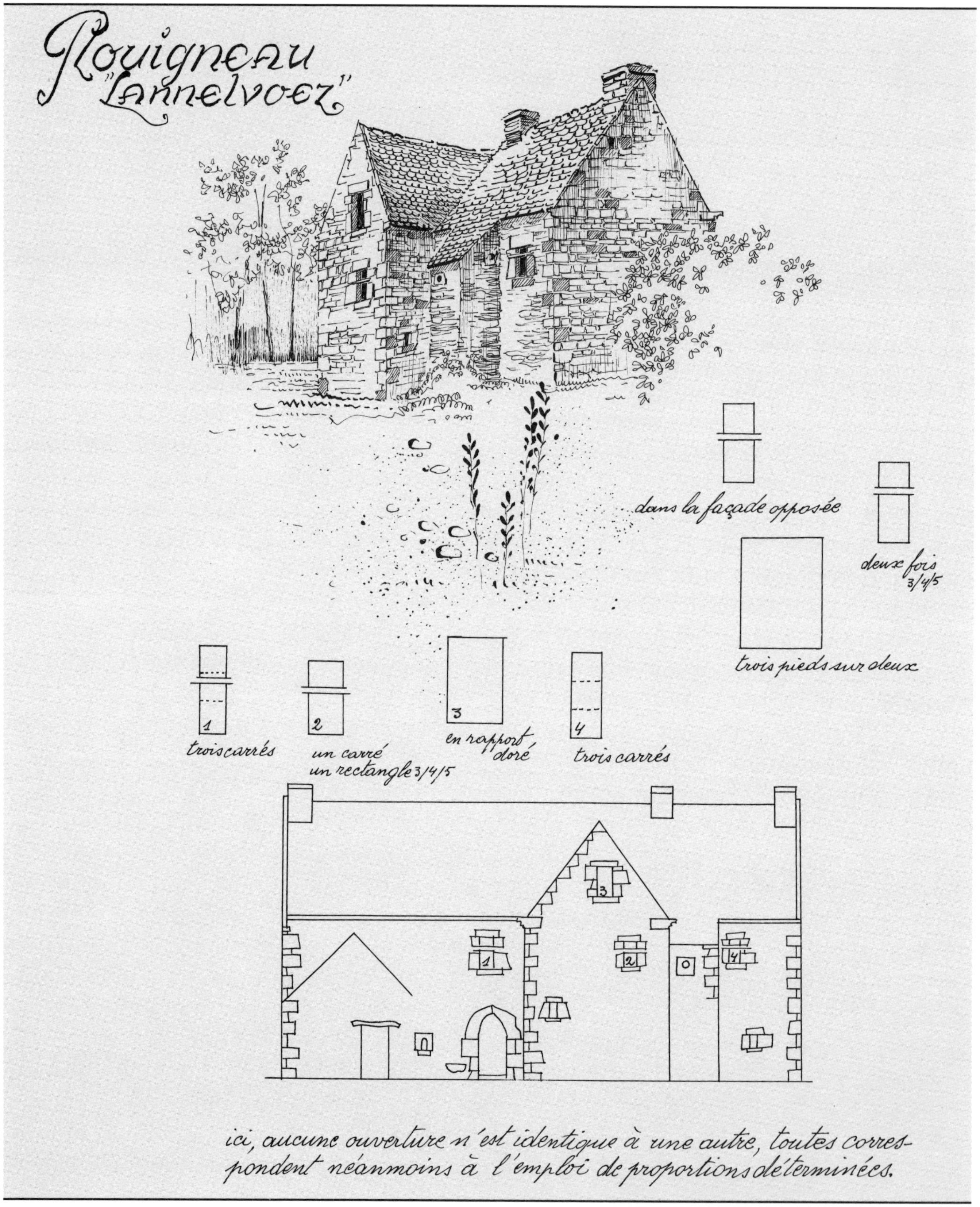

ancien en zone rurale a rarement de fondations au sens actuel du terme.

Le temps aidant, des désordres ponctuels ont pu se produire : affaissement différentiel de la maçonnerie entraînant des lézardes, de faux aplombs, voire des effondrements, ou remontées d'humidité dans le mur.

Si des travaux de remise en état s'imposent, il est souhaitable d'éviter tout déchaussement à l'intérieur comme à l'extérieur et d'opter pour les techniques qui ne favorisent pas les remontées d'humidité pouvant modifier la teneur en eau du sol en dessous des fondations et entraîner des désordres nouveaux tels que des tassements et des gonflements de certaines argiles.

Si des terrassements sont nécessaires à proximité immédiate, des précautions sérieuses doivent être prises lors de l'exécution des travaux.

Les sols

Trois types de sols se rencontrent dans l'habitat ancien.

Si le sol est en terre battue, il peut parfaitement être refait selon les techniques traditionnelles de « pilerie de place » ou contemporaines en terre stabilisée.

Un dallage ancien en pierre de schiste, de granite ou de grès était, et peut l'être aujourd'hui aussi, posé directement sur un mortier de terre ou de chaux hydraulique naturelle. Le dallage de granite est composé de pierres équarries d'une épaisseur de l'ordre de 10 cm et réparties le plus souvent en bandes dont la largeur peut varier, mais toutes les compositions sont possibles, sauf l'*opus incertum*, c'est-à-dire la pose brouillée de morceaux irréguliers. Quant aux dallages de schiste, c'est surtout l'aspect non angulaire de leur coupe qui en fait le charme.

Les éléments constitutifs d'un carrelage en terre cuite sont de dimensions assez réduites : 10 x 10 cm, 12 x 12 cm, 14 x 14 cm. Il n'existe pas en Bretagne de carreaux en terre cuite dont la dimension excède 20 x 20 cm. Le format carré est le plus fréquent. Le modèle hexagonal, qui s'apparente aux carreaux de Beauvais ou du Maine-et-Loire, n'est pas d'inspiration locale. À l'origine, les carreaux étaient posés sur la terre ou sur une chape de mortier maigre, constituée de chaux aérienne ou hydraulique naturelle et de sable. Cette façon de faire peut être réemployée sans peine : il faut veiller toutefois à utiliser des sables inertes qui ne risquent pas de gonfler en cas de remontée d'humidité.

Tous ces sols permettent l'échange hygrométrique sur l'ensemble de la pièce.

Il faut veiller à ne pas faire des choix de techniques de restauration inadaptées, empêchant cet échange qui favoriserait la concentration d'humidité en périphérie sur les pieds de murs. Les solutions préconisées actuellement sont souvent en contradiction avec ces principes – interposition d'un film de polyane, chape trop dosée en liant hydraulique, carreaux non poreux empêchant l'évaporation de surface –, ce qui favorisera la remontée par capillarité dans les murs si ceux-ci ne sont pas pourvus d'une barrière anticapillaire, située au-dessus du niveau du sol créé. Mieux vaut utiliser au contraire des chapes de mortier maigre. Il peut être judicieux de rajouter en périphérie un matériau souple désolidarisant le dallage de l'ensemble du bâtiment.

Les carreaux se posent soit parallèlement au mur, soit en diagonale, mais la plupart du temps en « joints filants », c'est-à-dire que les joints se prolongent sur une même ligne. Les « joints coupés », dits en coupe de pierre, sont aussi admissibles.

Les subtilités significatives

Au bon sens, à l'intelligence et au savoir-faire s'ajoutent bien souvent, plus ou moins perceptibles et y compris là où tout est bien modeste, des petits détails qui font qu'au-delà de ce qui est nécessaire, il y a ce qui plaît, ce qui rend heureux.

Étude des proportions au sol d'une maison de Taulé dans le Finistère. Un simple rectangle constitue le plan de cet habitat, mais il est la réunion de deux carrés qui évoluent séparément vers des rectangles selon des proportions platoniciennes et selon une règle établie par Philibert Delorme : « en laquelle je m'aide d'une proportion que j'ai pratiquée après avoir dressé le carré parfait du dedans du stylobate, lequel je divise en quatre parties, ainsi que dessus, et donc une d'icelles à sa hauteur, qui est de cela plus que son carré. Et se trouvent par ce moyen les proportions entre la base et la corniche, si à propos, qu'il y a cinq parties de hauteur sur quatre de largeur ». Un plan très simple mais tellement significatif : deux carrés qui bougent, qui vivent.

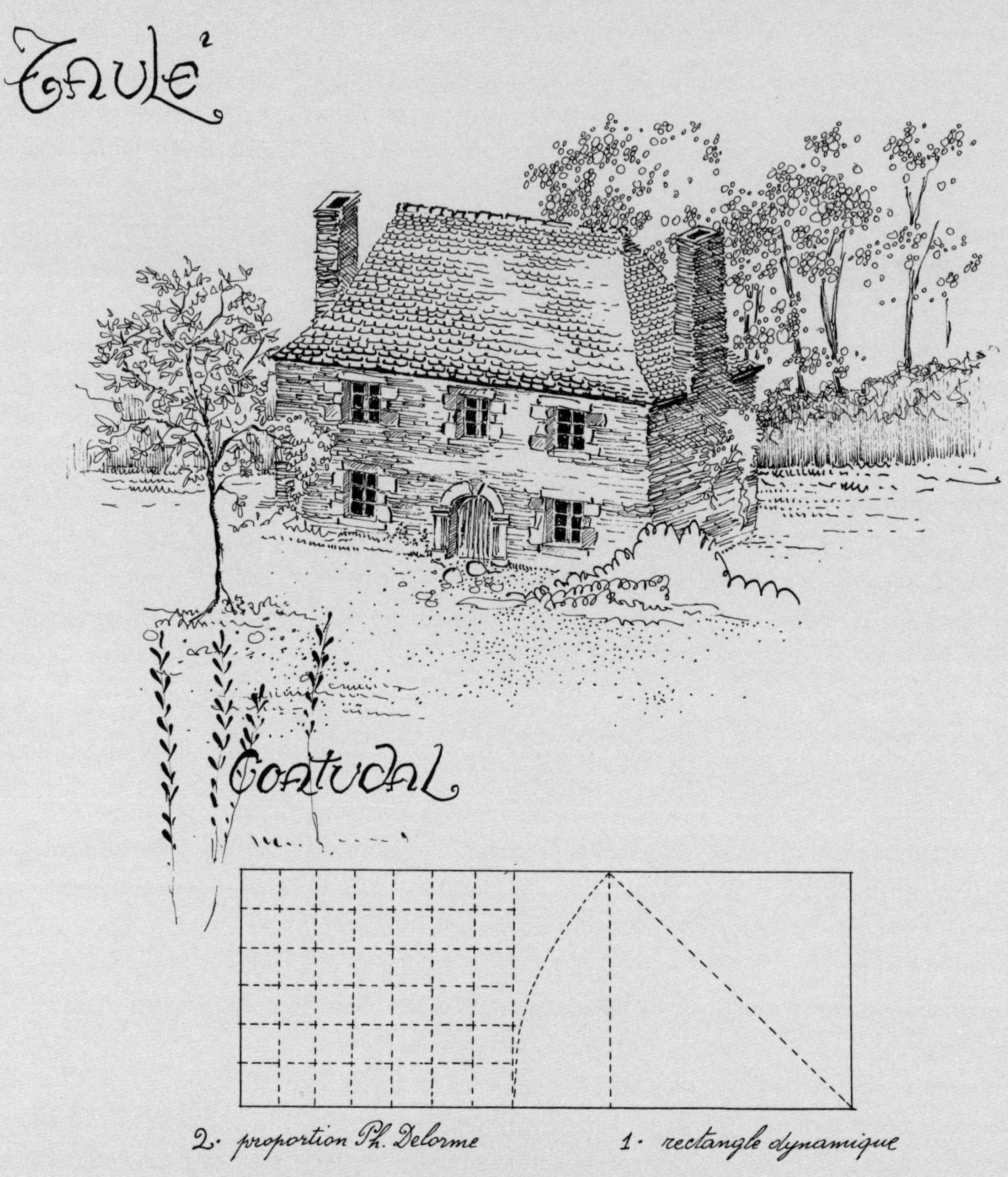

le plan est la réunion de deux carrés qui évoluent avec un élément qu'ils contiennent, en premier est un rectangle $\sqrt{2}$ apparenté au carré par sa diagonale, en deuxième un carré divisé en six sur six donne un nouveau module qui est ajouté.

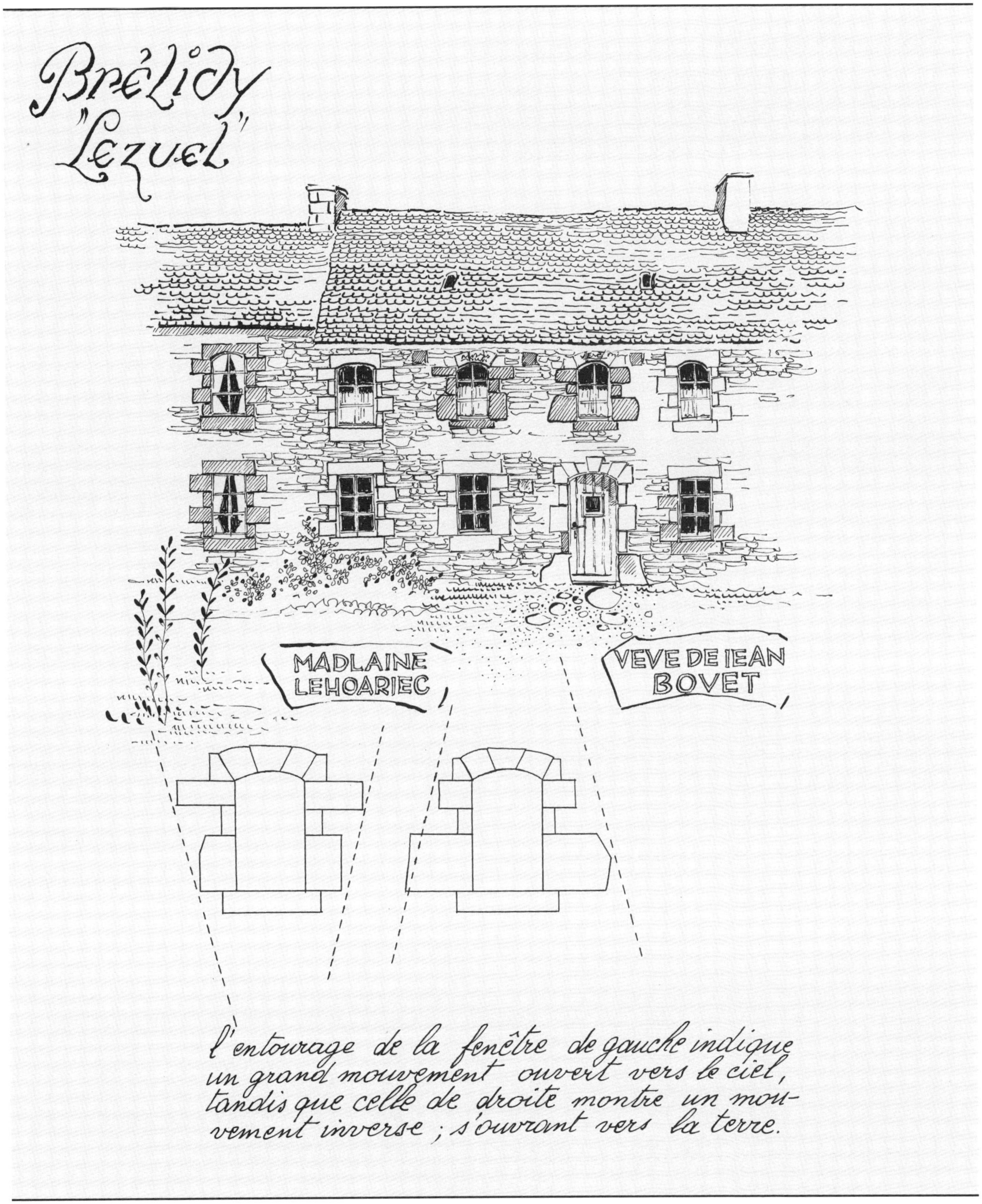

Étude d'une maison de Lezuel, en Brélidy. Ici, le positionnement des fenêtres dans la façade fait un geste auquel il est impossible d'être indifférent dès l'arrivée dans la cour. Les pierres formant les montants des deux fenêtres principales différencient celles-ci : l'une, contrairement aux règles élémentaires, a les boutisses les plus longues en haut, l'autre les ayant au pied, comme il se doit. Celle de gauche, qui porte le nom de « Madlaine le Hoariec », semble ouverte vers le ciel, tandis que celle de droite, qui porte l'inscription « veve de Iean Bouet », s'incline en sens inverse, vers la terre.

*Étude des proportions des lucarnes dans une belle demeure de marchand-toilier à La Boulaye, aux Iffs.
Cette maison nous présente une façade, côté cour, couronnée par deux lucarnes différentes.
Placée au levant, celle de droite se compose d'un carré et d'un demi-cercle dans lequel sont sculptés douze rayons.
Le décor de cette lucarne montre le soleil qui se lève à l'est et par conséquent le lien avec la nature.
L'autre lucarne, située au couchant, est formée d'un carré et de deux triangles aux deux côtés égaux dont l'un est commun aux deux.
Ce tracé symbolise un monde construit avec raisonnement et méthode.
Comment dire plus simplement que le respect de l'environnement et la nécessité de construire vont de pair ?*

Plouézoc'h "Brignonic-Bras"

Projet de restauration d'une ferme de Brignonic-Bras à Plouézoc'h.
Une pierre en grès très usée, intercalée entre les autres pierres en granite qui entourent la porte d'entrée de cette vieille ferme, attire le regard.
Elle est semblable aux autres qui se trouvent un peu partout en Bretagne. Toujours placées à gauche en sortant et à environ quatre pieds du seuil, elles servaient et servent encore parfois à aiguiser les couteaux.
Ce même bâtiment, aujourd'hui tronqué, a une autre particularité : le chaînage, dont les boutisses vont en décroissant de bas en haut pour compenser, autant que faire se peut, un effleurement du sol qui ne permet aucun ancrage. Habilité, prévoyance et subtilité se confondent ainsi pour notre plus grand plaisir.

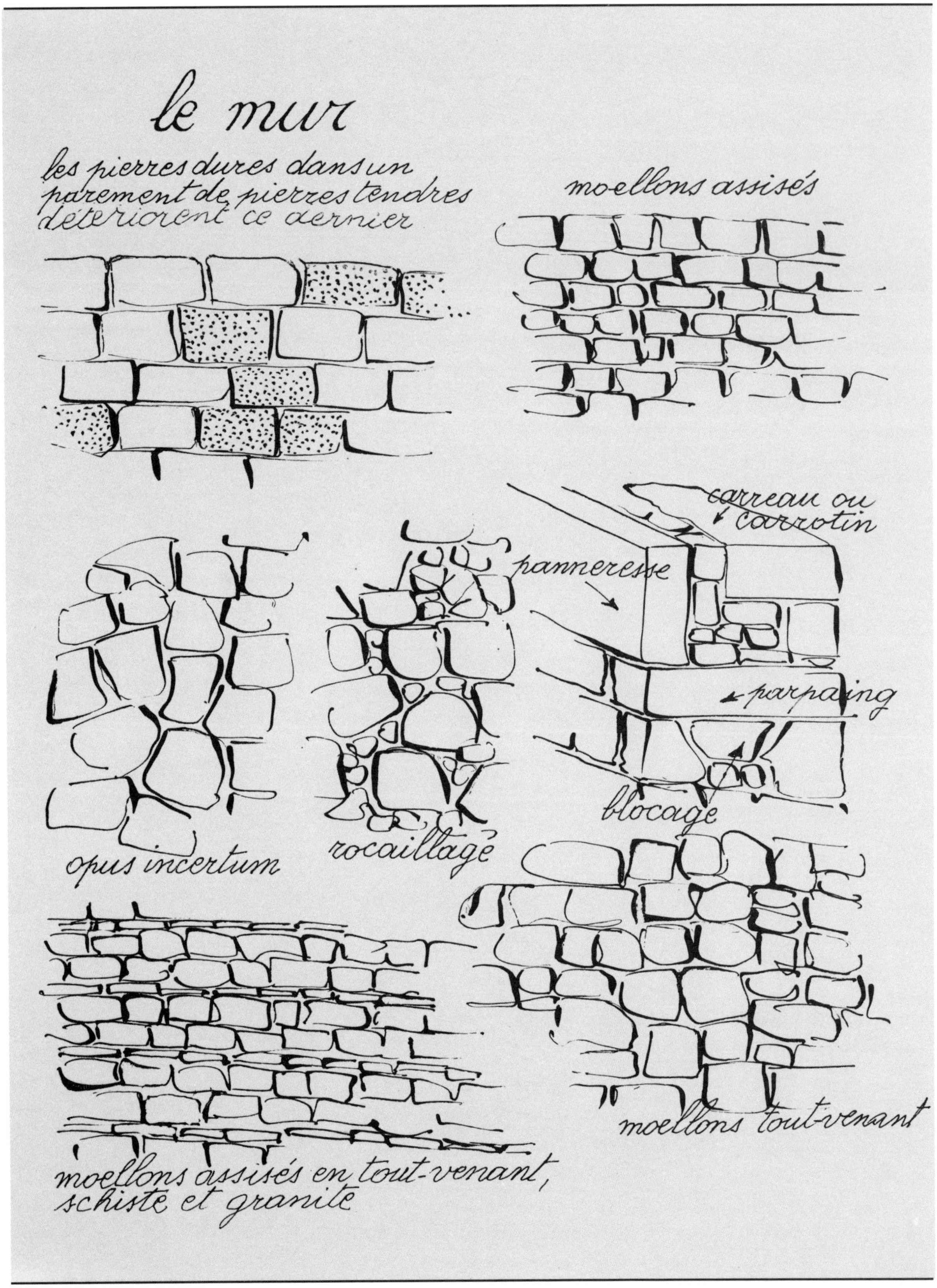

Saint-Augustin, dans *De Vera Religione* (354-430), a merveilleusement bien posé la question du résultat de ce qui est fait en fonction du beau : « *Cela est-il beau parce que cela plaît ? Ou bien cela plaît-il parce que cela est beau ?* ».

En d'autres termes, quelles sont les subtilités qui font qu'au-delà de la satisfaction d'une fonctionnalité à proprement parler et bien réussie, il y a ce qui séduit, ce qui émeut et ce qui fait une qualité architecturale digne de son objet ?

Sans prétendre que tout, y compris la sensibilité ou la finesse, peut être codifié et planifié, on peut tout de même mettre en évidence des éléments et des méthodes qui « aident » à construire un habitat.

Une construction étant à la fois mesure, rythme, structure, forme et volume, ce sont ces parties qui peuvent contenir des subtilités, des traces qui créent ce qui est précieux et qui charme.

Les murs

La diversité des matériaux, des mises en œuvre et des situations étant l'une des caractéristiques du bâti en Bretagne, il est évident que chaque mur est un cas particulier. Toute intervention dans la maçonnerie ne doit donc être décidée qu'après un examen méticuleux de son état et après mûre réflexion.

Disons d'emblée qu'un mur de

Différents types d'appareillages des moellons et des pierres taillées dans les murs des maisons bretonnes. Le « coup de sabre » n'assure évidemment pas une bonne tenue au mur. La pierre « qui regarde le soleil » provoque des infiltrations au lieu de faire goutter les eaux de ruissellement vers l'extérieur.

moellons devient un simple tas de cailloux, là où il était pour ainsi dire l'œuvre d'art d'un maçon, et il est presque impossible à remonter une fois mis par terre. Sa démolition ne doit donc se faire que s'il n'y a vraiment aucune autre solution.

Il faut savoir aussi qu'un air penché ou un léger ventre n'est pas synonyme de catastrophe et que la solidité du mur est fonction de la verticale appliquée au centre de gravité par rapport à la base, de son épaisseur, de la liaison de ses éléments et de la solidarité de l'ensemble des éléments de la construction.

Si une reprise de mur en pierre s'avère malgré tout nécessaire, il faut utiliser de préférence le même matériau, dans les mêmes dimensions, avec des joints de même épaisseur que ceux d'origine, avec un mortier de pose en retrait du mur pour recevoir une finition identique au reste de la façade ancienne.

Si c'est un mur de pierre sèche, la remise en état demande encore plus d'attention, vu l'ancienneté dont il est le témoignage et le fait qu'il réclame une technique très sûre, puisque sans liant, sa solidité dépend de l'équilibre entre les pierres et d'un calage extrêmement soigneux.

S'il s'agit de mettre au jour un mur adossé, il faut le dégager assez loin afin que les engins de terrassement n'accrochent pas des pierres, à cheval entre le mur et la terre. Il faut s'assurer que l'absence de la terre où s'appuyait le mur ne compromet pas la solidité de l'édifice et il faut protéger cette partie de mur qui est maintenant exposée aux intempéries.

Les ventres, fissures et affaissements peuvent être causés par l'eau qui s'infiltre (par le haut, latéralement, par remontées, par des installations défectueuses), par une mauvaise répartition des charges (toiture mal conçue ou mal transformée, charges d'exploitation), par un affaissement du sol (dû à l'hétérogénéité du sol dès l'origine, à des modifications importantes de l'environnement immédiat), par la modification de la teneur en eau du mur (causée par des années de sécheresse consécutives, des enduits hydrofuges, des inondations, des isolations intérieures), enfin, par la présence excessive de végétation ou de faune.

Déterminer les causes des désordres est par conséquent impératif afin d'y apporter le remède qui convient.

La construction d'un mur de briques s'apparente à celle d'un mur de moellons. Les éléments manufacturés en facilitent l'appareillage et en limitent les désordres. Certaines briques de moins bonne qualité peuvent cependant s'effriter et nécessiter d'être remplacées. Il faut surtout veiller à préserver à tout prix l'élément décoratif, quelquefois précieux, que ce matériau a permis d'obtenir.

Des murs en calcaire tendre, souvent du tuffeau, il est difficile de faire une synthèse tant les types de pierres sont différents et avec eux les techniques de mise en œuvre. Chaque carrière a une pierre sensiblement, voire fondamentalement différente ; or on recense plus de mille carrières ayant fourni de la pierre pour la Bretagne. La plupart des gens se représentent le calcaire comme une pierre très tendre, donc très friable, mais il ne faut pas perdre de vue que les marbres sont des calcaires et donc des pierres très dures, puisqu'ils peuvent prendre le poli.

Les techniques utilisées sont des murs en pierre de taille sur toute l'épaisseur, des murs avec parement en pierre de taille et intérieur en moellons, une ossature composée de chaînes d'angle, bandeaux, entourages d'ouvertures en pierre de taille et remplissage en moellons ; des murs avec pierres et briques de terre cuite alternées ; ou des murs de faible épaisseur en carreaux de pierre tendre servant de séparation entre les pièces.

Généralement, différentes qualités de pierres étaient utilisées selon la fonction de la partie de l'ouvrage.

Kerfeos ~ Sizun

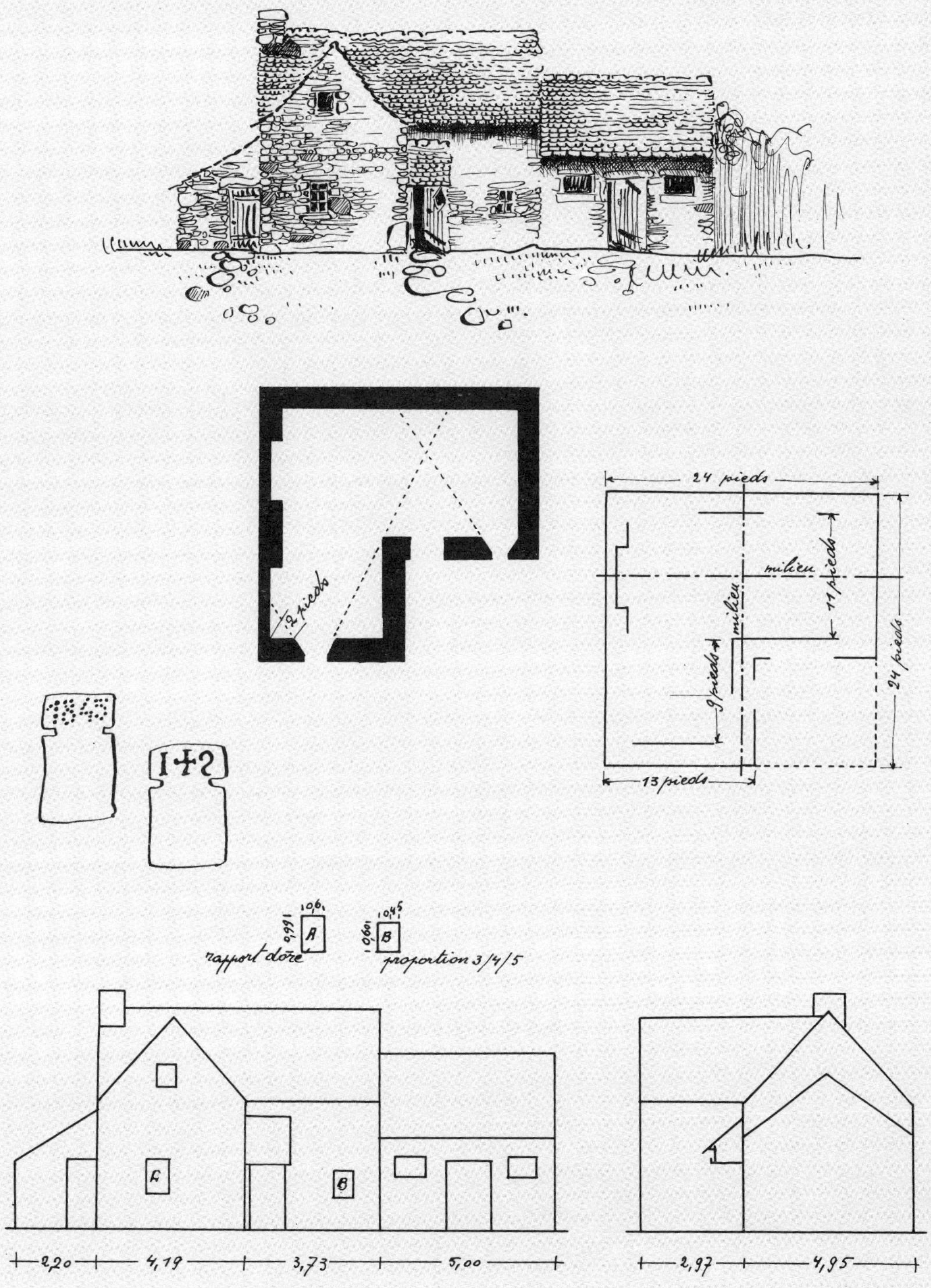

Le modeste habitat analysé sur cette étude n'en est pas moins intelligent et se fonde sur des mesures justes, des proportions précises et une bonne anticipation de la vie à l'intérieur que l'on peut apprécier dans les modes de répartition de la lumière.

Ainsi, les pierres demi-dures étaient utilisées pour les bandeaux et les jambages, les pierres froides, très dures, pour les parties en rejaillissement, les pierres non gélives pour les parties très exposées aux intempéries, et les pierres tendres pour les tapisseries en remplissage. Sachant que la pluie pénètre assez profondément dans le tuffeau, qu'elle s'écoule verticalement jusqu'au sol et que tout ce qui pourrait entraver ce cheminement serait une faute grave, aucune pierre dure ne doit s'interposer dans le remplissage.

Quelques règles de construction restent communes à tous ces types de pierre. Ainsi, à la sortie de la carrière, la pierre doit être ressuyée, c'est-à-dire déchargée de son eau de carrière. Il faut utiliser des pierres compatibles entre elles et employer un mortier de construction approprié, comme un mortier de chaux aérienne. Sur les parties horizontales exposées aux intempéries, une pièce de plomb ou de zinc doit protéger les parties les plus tendres.

Enfin, toutes ces pierres s'autoprotègent. Beaucoup durcissent au contact de l'air, et la majorité se couvre d'une couche de calcin, pellicule cristallisée, sorte de peau qui devient une protection naturelle qu'il importe de ne pas détruire. Certains ravalements, trop agressifs, sont plus néfastes que positifs pour la conservation de ces ouvrages.

Dans l'ensemble, les murs de terre peuvent souffrir des mêmes désordres que les murs de pierre, avec toutefois pour la terre une sensibilité accrue à la teneur en eau, tant en excès qu'en manque, et avec une érosion facile due au peu de dureté du matériau. Il est donc indispensable de monter ces murs sur un soubassement en pierre et de les tenir hors de l'eau en les protégeant des infiltrations, par un drainage éventuellement, mais aussi du ruissellement et du rejaillissement. La composition du matériau – bauge, adobe ou pisé – rend a priori superflu une isolation complémentaire du mur, et peut au contraire entraîner des modifications d'hygrométrie internes.

La mise en œuvre des murs en adobe peut varier soit en assise avec des joints alternés, ce qui peut favoriser les fissures le long des joints, soit en chevrons, dont la tenue est meilleure et qui de plus forment un décor remarquable.

Si des reprises de murs sont nécessaires, il est préférable de les refaire en terre préparée selon les techniques traditionnelles du pays. Sinon, on peut utiliser de la brique de terre crue, et à défaut de la brique de terre cuite, un matériau proche de la terre, à enduire obligatoirement.

Dans certains cas de murs dégradés, un bouchage préalable à la terre peut suffire avant d'appliquer de l'enduit.

Si un enduit est nécessaire pour cacher des reprises antérieures, à défaut d'enduit de terre, il faut exiger la chaux aérienne éteinte pour le bâtiment et des sables apportant la couleur, pour harmoniser la maison avec le sol et les constructions proches de même nature. Cet enduit adhère parfaitement sur la terre et sur les briques. Il préserve aussi les qualités techniques des murs de terre et s'adapte à la souplesse de leurs lignes.

La terre conserve le bois. On peut prévoir des « carrées de bois » ou des techniques locales existantes telles que de simples linteaux ou bien des linteaux et des appuis en briques pour les ouvertures à refaire ou à créer.

Les murs en torchis et pans de bois sont des murs composites où la terre ne sert que de remplissage. La bauge est mise en œuvre entre les pans de bois sur une ossature qui peut être composée d'un lattis ou de barreaux. Un lattis est cloué de part et d'autre de l'ossature et l'intervalle restant est garni de bauge. Un enduit, généralement de terre, complète l'ouvrage.

Une autre technique consiste à coincer des quenouilles entre deux pièces verticales ou obliques de l'ossature du pan de bois, une encoche ou une rainure ayant pu être aménagées pour les recevoir.

Avant d'envisager les remèdes propres à la remise en état d'un colombage, il y a lieu d'établir un diagnostic serré. Si le moindre doute existe sur la bonne conservation des bois, il ne faut pas hésiter à mettre ceux-ci à nu, notamment au niveau des assemblages.

L'inspection sera d'autant plus sévère s'ils ont été recouverts d'un enduit à base de liant hydraulique artificiel.

Lors de sondages préalables aux travaux, on vérifiera si la maison à rénover ne l'a pas déjà été. On localisera d'éventuels tirants et platines mis en place antérieurement pour conforter les murs. On veillera à ne pas supprimer ces éléments de renfort sous peine de remettre en cause la stabilité de l'édifice. Les cloisons, elles aussi en pans de bois, font partie intégrale de l'ossature. Même si elles ne participaient pas à la solidité de l'ensemble dès l'origine, elles ont pu reprendre des charges à cause de l'affaissement d'autres pièces de bois. Elles doivent donc toujours être enlevées avec précaution et, si possible, en partant des étages supérieurs.

Les planchers constitués de solives, le plus souvent de section carrée, doivent être désossés. On vérifiera l'assemblage de celles-ci au droit des sablières les supportant, et plus particulièrement lorsque leurs extrémités se trouvent à proximité d'une ouverture. Les parasites du bois sont en effet plus fréquents à proximité d'une source de lumière et l'étanchéité défectueuse de la menuiserie a pu favoriser le pourrissement.

Ces planchers jouent un rôle primordial ; ils assurent en effet le liaisonnement des deux façades d'une maison à pans de bois. Les pignons de ces maisons, lorsqu'elles sont mitoyennes, sont en général appareillés en pierre. Ce liaisonnement ne doit surtout pas être supprimé.

Les solives présentant une flèche seront conservées si elles sont en bon état. En aucun cas elles ne devront être retournées, car cela pourrait entraîner leur rupture.

Durant les travaux, si l'on a des doutes sur la solidité de la maison à restaurer ou si des travaux de percements nombreux sont prévus, percements au demeurant à éviter, les ouvertures devront être murées en briques creuses hourdées au mortier maigre, ou étayées, pour éviter tout risque de déformation de la façade. La suppression de quelque pièce que ce soit ne peut

Vocabulaire et principe de construction des murs d'une maison en terre, type d'architecture spontanée que l'on trouve surtout aux environs de Rennes et dans l'est des Côtes-d'Armor.

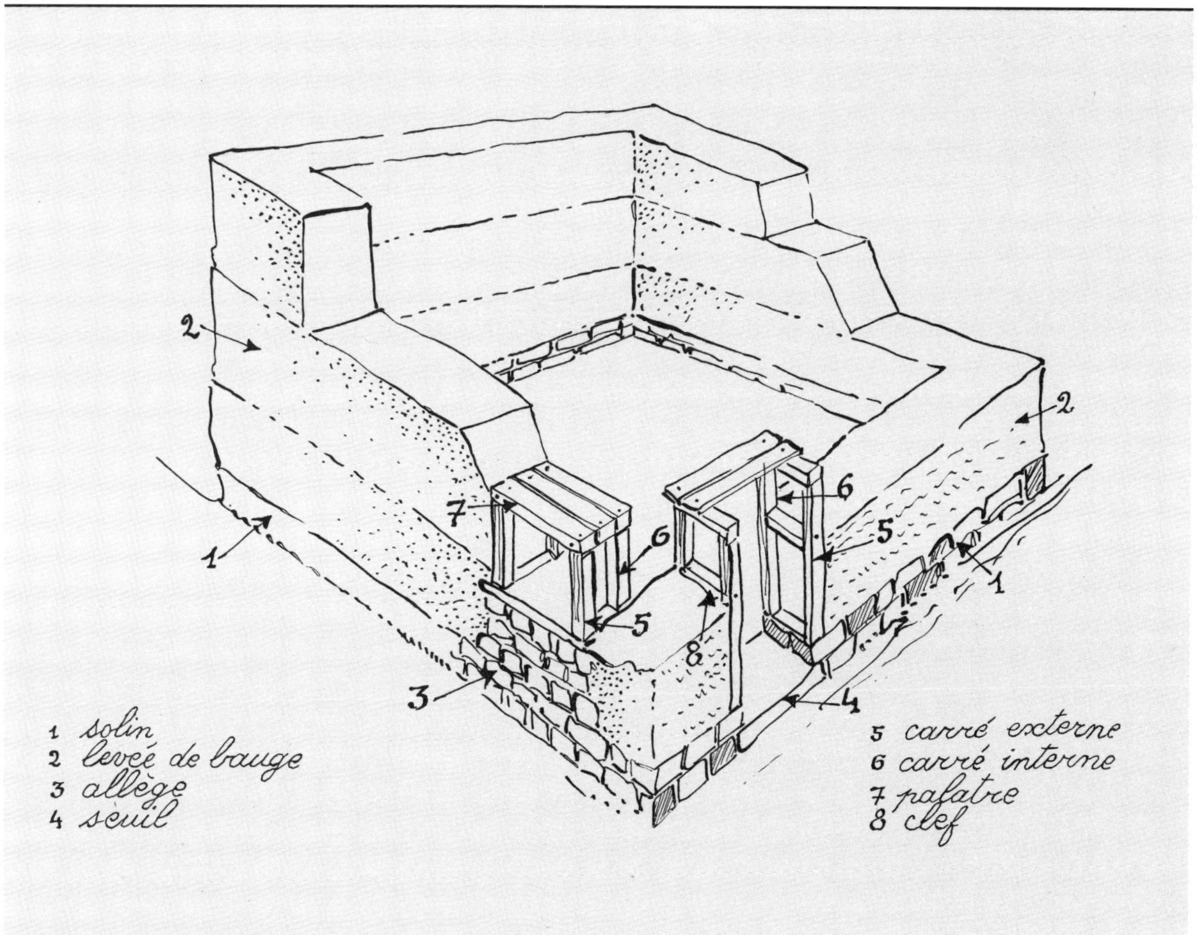

être faite qu'après en avoir défini la fonction et y avoir suppléé. Les pièces obliques servent toutes à la triangulation de l'ensemble. Combien de poteaux, de consoles ont-ils déjà été amputés pour permettre une ouverture ?...

Une fois les sondages effectués, après les étaiements indispensables, les travaux de rénovation à effectuer pourront être plus facilement cernés.

D'emblée, il nous paraît opportun de souligner une règle majeure : dans les constructions à pans de bois, le bois considéré comme élément de charpente, donc porteur, se doit, dans la mesure du possible, d'être remplacé par du bois.

Cela suppose une certaine habileté de la part du compagnon-charpentier qui doit dans ce cas assembler par chevillage les pièces de bois remplacées. Il peut être fait usage de brides en acier pour reprendre des efforts de traction.

Une deuxième règle est à observer : alléger la construction existante, notamment au niveau des planchers. Le mélange d'argile, de paille hachée, de pierraille, que l'on trouve entre les solives, le carrelage ou la terre battue les recouvrant, alourdit considérablement la structure. Ces matériaux doivent être remplacés par des matériaux plus légers, agrégats légers avec du ciment, ou mieux, isochanvre aggloméré avec de la chaux aérienne ou de la chaux hydraulique naturelle. Les techniques de reprise des planchers ont été vues précédemment.

Dans la mesure où le garnissage en torchis entre les pans de bois et l'enduit de terre sur lattes ont pu être préservés pour le diagnostic, leur maintien assure la bonne conservation des bois.

Si besoin est, il faut profiter de la restauration pour traiter les bois, bien que cela soit rarement nécessaire : l'utilisation de torchis est le garant de la conservation des bois. (Et les bains de boue sont actuellement utilisés contre de nombreuses pathologies chez l'homme !)

L'utilisation de produits contemporains de substitution peut causer des désordres à terme. C'est notamment le cas de produits à base de silicone utilisés pour assurer l'étanchéité entre maçonnerie et bois, empêchant ce dernier de respirer.

Lorsque le pan de bois doit être repris, l'idéal est bien sûr de le refaire à l'identique, soit avec des quenouilles, soit avec un remplissage entre lattis (de préférence en châtaignier cloué entre colombages), lattis destiné à recevoir l'enduit extérieur à la terre ou à la chaux aérienne.

Si ce remplissage a dû être totalement ou partiellement déposé pour le diagnostic, à défaut de le refaire à l'identique, on pourra le remplacer par des briques creuses hourdées à la chaux hydraulique. Leur épaisseur sera fonction, bien sûr, de la section des pans de bois. On devra tenir compte de l'épaisseur du crépi à la chaux grasse venant en recouvrement de ces briques, pour que ce dernier affleure les pans de bois (épaisseur du crépi : 1,5 cm environ). Un béton de remplissage en isochanvre donnera également un très bon résultat avec une meilleure isolation. Il reste souple et limite le retrait entre bois et maçonnerie. Il peut rester tel quel ou recevoir une simple finition, en étant graissé à la chaux aérienne, rappelant l'aspect de l'enduit de terre. Il peut également, comme la brique, être enduit à la chaux aérienne.

Les effets destructeurs des eaux de pluie pourront facilement être mis en évidence. La proximité de gouttières, de descentes d'eaux pluviales percées, finit par ronger le bois et décoller les remplissages de pisé et de lattes.

De même, les pièces d'appui non protégées des fenêtres finissent par subir le même sort. Des feuilles de recouvrement en zinc ou en plomb – ce dernier matériau étant préférable, bien qu'onéreux – permettront d'isoler des intempéries ces éléments exposés.

Si la pluie peut occasionner de graves désordres, ceux relatifs aux remontées d'eau par capillarité dans les murs, principalement au niveau des soubassements, n'en sont pas moins dangereux. On ne manquera pas, à cet effet, de donner une légère pente (2 cm par mètre) au couronnement du mur maçonné éventuel servant d'assise aux pans de bois constitutifs de l'ossature des étages.

L'étanchéité à l'air et à l'eau des croisées devra être étudiée sérieusement. Celles-ci pourront être posées au même nu que la cloison de doublage, si elles s'imposent pour des raisons d'isolation thermique. Cette disposition semble la meilleure car elle est plus simple que celle consistant à intercaler le bâti de la croisée dans l'ouverture ménagée dans les pans de bois. On prendra néanmoins la précaution de donner une saillie de 4 cm au cochonnet, ceci afin de prévoir la mise en place d'un quart-de-rond en recouvrement du vide qui pourrait exister entre le bâti de la croisée et le nu intérieur du poteau de fenêtre.

Les meneaux et croisillons existants seront conservés. On préférera des menuiseries à carreaux carrés à tout autre modèle. Le double vitrage peut être envisagé même si la présence d'un relativement grand nombre de carreaux peut en compliquer la mise en place. Un survitrage isolant sur une menuiserie de 36 mm (à simple vitrage) peut également être prévu.

Le choix de mise en apparence des bois ne doit pas être systématique mais fonction de leur qualité esthétique – présence d'une croix de Saint-André, rythmes particuliers, proportions significatives, sablières travaillées... – et de l'époque de construction ; par exemple, à la fin du XVIIIe siècle, les façades en pans de bois étaient prévues pour être enduites en totalité, les bois n'ayant alors qu'un rôle constructif.

Si la façade est enduite, les liants hydrauliques artificiels sont à proscrire absolument car ils provoquent le pourrissement du bois.

Si le pan de bois est apparent, le remplissage de torchis entre les pans de bois peut recevoir un enduit ou un badigeon de chaux colorée ou non en finition.

Au cours des travaux de dégradage, on peut retrouver des traces de peintures anciennes et de badigeon qui pourront orienter les choix de coloration de la façade et des bois.

Pour protéger les bois, il faut utiliser l'huile de lin avec des pigments naturels pour la couleur et proscrire totalement les peintures plastiques qui, en créant un film étanche à l'air, font pourrir le bois.

Il n'est pas indispensable de foncer le bois au préalable.

Le premier ennemi des maisons à pans de bois est l'eau. La mise hors d'eau d'une maison à restaurer est la première intervention à envisager. Cela suppose bien sûr, avant de poser la couverture en ardoises – nous sommes en Bretagne –, de s'assurer de l'état des fermes, pannes et chevrons constitutifs de la charpente.

Des descentes d'eaux pluviales provisoires devront être mises en place durant les travaux de réfection et seront, si possible, reliées à l'égout afin de ne pas imbiber d'eau, même provisoirement, des soubassements toujours vulnérables.

Les injections de mortier dans les murs

« *Cette technique consiste, après avoir tenté de les laver intérieurement, à injecter dans des murs creux un mortier de composition diverse, avec ou sans pression, afin d'en relier les deux parements.*

Notons que les premières injections ont été faites au coulis de ciment, sous pression.

Elles sont maintenant abandonnées, voire même déconseillées par les prescripteurs qui ont en charge l'entretien du patrimoine.

De là à en conclure qu'elles étaient néfastes...!

Puis on est passé au coulis de ciment à faible pression ou gravitaire ; puis au coulis de chaux artificielle ou naturelle, à faible pression ou gravitaire. On note donc un retour en arrière dans la pratique.

Lorsqu'on analyse un mur susceptible de faire l'objet d'une injection, on observe les points suivants :

- *c'est souvent un mur qui a "flambé", c'est-à-dire que les deux parements se sont désolidarisés, créant un vide dans le mur ;*
- *des rongeurs se sont installés dans ces anfractuosités, y ont entraîné leurs provisions (balles d'avoine) et y ont laissé leurs déjections et même leurs squelettes ;*
- *la terre et les petits éclats de pierre constituant le bourrage sont descendus au fond de l'anfractuosité ;*
- *la fissure occasionnée a souvent la forme d'un fuseau : le mur étant tenu en partie basse par le sol et en partie haute par la poutraison, le milieu s'est ouvert davantage ;*
- *les faces des pierres sont recouvertes d'une couche de poussière très fine sur laquelle l'eau glisse sans pénétrer.*

Le lavage va entraîner une accumulation de balles et de déjections en partie basse. Même s'il est possible d'en enlever une partie, il est peu probable que l'on en enlève la totalité.

Il va contribuer à ôter la terre et le calage qui maintenaient encore le parement.

Il ne pourra pas enlever la pellicule de poussière puisque l'eau roule sur cette poussière.

Le mortier d'injection aura peu ou pas d'adhérence sur cette pellicule de poussière.

Il exercera une certaine poussée sur les parements : la pression d'un liquide étant proportionnelle à sa hauteur, il va créer une surcharge sur un mur déjà fragile. Cette surcharge va se durcir et avoir la forme d'un coin, la forme du fuseau que crée la fissure, qui aura tendance à écarter encore les parements.

Pour pouvoir faire l'injection, on devra au préalable rendre étanches tous les joints, ce qui figera le mur en l'empêchant de respirer. Si l'on injecte de la chaux aérienne, elle mettra un temps fou à sécher, plusieurs mois, voire plusieurs années.

On peut donc dire que si les résultats positifs restent à prouver, les résultats négatifs, eux, sont évidents : surcharge et surcoût. »

Hervé Even

Les enduits

Les enduits et les joints étaient constitués de terre additionnée de végétal ou de crin animal avec éventuellement un ajout de chaux aérienne. Les mortiers de meilleures qualités étaient réalisés avec de la chaux, du sable de cavage et du sable de rivière.

Leur rôle est primordial puisqu'ils protègent et assurent la pérennité de l'édifice, et ils favorisent l'écoulement des eaux sur les façades. De plus, l'usage de matériaux locaux favorise une harmonie avec le paysage environnant.

Leur coût étant élevé, les enduits étaient souvent réduits à leur plus simple expression : enduit monocouche ou joint beurré, avec une façade principale souvent enduite soigneusement avec plusieurs couches aux effets décoratifs variés, alors que les autres façades ne sont que beurrées.

Les modes passagères consistant à mettre la pierre à nu sont catastrophiques pour l'entretien du patrimoine, sauf si la maçonnerie a été conçue dans cet esprit. Il convient alors d'en assurer le jointoiement.

Les enduits ne doivent pas constituer une enveloppe « étanche » qui empêcherait la survie du support. Il faut donc utiliser des matériaux permettant au support les échanges avec l'extérieur, le « cosmos », tels que ceux anciennement utilisés en terre ou en chaux aérienne. De par leur nature, ces enduits se dégradent : il faut l'accepter et les refaire périodiquement. Nous l'acceptons bien pour les peintures.

À l'intérieur de la maison, le choix des pierres apparentes rend la pièce plus sonore, plus froide, plus sombre qu'un enduit à la chaux aérienne ou au plâtre et sable.

Un mortier à la chaux aérienne ajoute au confort : il assourdit les bruits et participe à la régulation hygrométrique. S'il est clair, il accroche la lumière et la reflète.

En aucun cas le mortier ne doit venir en surépaisseur sur la pierre : il doit être amorti.

Les embrasements de fenêtre sont toujours enduits car leur rôle est de guider la lumière. Les joints sont réalisés avec le même matériau.

Les joints en retrait, trop fins, tirés au fer, sont à éviter.

La retaille des pierres, quels que soient leur nature et leur assemblage, pour permettre de faire des joints larges, est à proscrire absolument.

Notons qu'un enduit à la chaux aérienne bien exécuté a une durée de vie très longue et en tout cas supérieure à soixante ans. Puisqu'il est logique de reprendre régulièrement les enduits, rappelons comment ils étaient réalisés.

Il est souhaitable d'effectuer quelques essais préalables avec différents granulats afin de trouver le mélange le plus proche de l'effet recherché en pensant à l'harmonie que doit offrir l'aspect de ce mortier entre les souches de cheminées, les faîtages et arêtiers, et les façades.

La chaux grasse

1 - L'adhérence est très bonne.

2 - L'enduit de chaux est un matériau très plastique dont la prise est très lente et se fait sans retrait, donc en principe sans faïençage. Si cependant il y en a un, on peut resserrer l'enduit en remontant. La lenteur de prise laisse le temps de travailler et de reprendre une gâchée ou un panneau sans que les reprises se lisent sur l'ensemble.

3 - Les enduits à la chaux grasse sont très résistants. Leur résistance s'acquiert avec le temps. Au bout d'un an, ils sont aussi résistants que les enduits à la chaux hydraulique qui sont des petits ciments. (Un enduit ne nécessite pas d'offrir une résistance immédiate puisqu'en principe, ce n'est pas lui qui tient le mur.)

4 - Les enduits à la chaux grasse laissent respirer les murs, matériaux naturels, vivants, perméables à la vapeur d'eau que dégagent l'habitation et les habitants. Cette humidité entrera, mais elle sortira aussi.

On peut considérer que l'enduit de chaux travaille comme une tuile de terre cuite, absorbant l'eau, mais qui, une fois mouillée, favorise le ruissellement de l'eau de pluie sur sa surface.

5 - Parce qu'il respire, l'enduit de chaux est aussi un bon isolant thermique.

Extrait de « Chaux aérienne et techniques de mise en œuvre », édité par Tiez Breiz, 1993.

Dosages de chaux

Indications en volumes pour faciliter la confection et l'utilisation de petites quantités de chaux.

Pour les enduits

Giclage : de 1 volume de chaux pour 4 volumes de sable à 1 volume de chaux pour 2,5 volumes de sable.

Finition : de 1 volume de chaux pour 7 volumes de sable à 1 volume de chaux pour 4 volumes de sable.

Pour la maçonnerie

De 1 volume de chaux pour 7 volumes de sable à 1 volume de chaux pour 4 volumes de sable.

Béton de chaux dans la pose des carrelages

1 volume de chaux pour 3 volumes d'un mélange comprenant : 1 volume de sable 0,5 + 1 volume de gravier 5/10 + 1 volume de gravier 10/20.

Joints

1 volume de chaux pour 4 volumes d'un mélange comprenant 1/3 de terre et 2/3 de sable.

Badigeon

1 volume de chaux pour 2 volumes d'eau.

Les sables utilisés étaient des sables locaux de cavage. Ils étaient donc souvent trop riches en fines, éléments de même grosseur que les liants, contenant les oxydes et pigments qui donnent la couleur au mortier. Une trop grande quantité de fines favorise le faïençage ; aussi rajoutait-on, lorsque c'était possible, des sables de rivière qui « amaigrissaient » le mélange.

De nos jours, on utilise des sables de commerce qui sont lavés. Toutefois, comme ils sont généralement lavés à outrance, il est souvent nécessaire d'y rajouter une part de sables locaux non lavés afin de retrouver l'onctuosité des mortiers dont dépend l'aspect feutré de ces enduits et surtout leur coloration. L'utilisation de ces sables locaux en harmonie avec le paysage évitera toute fausse note. La proportion de fines peut être déterminée dans un laboratoire par l'équivalent de sable. Un bon mélange doit avoir un équivalent en sable de 75 % avec une tolérance de 2 à 3 % en plus ou en moins. Au-dessus de ce seuil, le mortier serait trop pauvre et ne donnerait pas l'aspect satisfaisant. En dessous, il y a risque de faïençage. Il est bon de prendre des sables ayant une grosse granulométrie – 0/6 et plus. Ce sont ces grains de sable qui agrémentent l'enduit. Les liants utilisés seront exclusivement de la chaux aérienne (CAEB) ou des chaux hydrauliques « naturelles » (XHA), à ne pas confondre avec les chaux hydrauliques artificielles qui sont en réalité des ciments appauvris.

Le dosage sera de l'ordre de trois brouettes de sable pour un sac de 40 litres de liant, dans la mesure où le mélange de sable est de bonne qualité. Le dosage optimal est le volume de liant nécessaire pour combler les vides entre les grains de sable.

La mise en œuvre peut être faite en plusieurs couches : giclage, corps d'enduit, couche de finition. Toutefois nombre de bâtiments ne sont pourvus que d'une seule couche appelée de nos jours monocouche.

Le giclage a pour but d'assurer la rugosité du mur afin de favoriser l'adhésion ; il fait moins de 5 mm d'épaisseur.

Le corps d'enduit assure le rôle de protection tout en redressant les plus grosses imperfections de la maçonnerie (son épaisseur varie de 1 à 2 cm). Il importe toutefois de suivre les mouvements de cette maçonnerie.

La règle et le fil à plomb sont à proscrire ou tout au plus on utilisera un petit bout de règle de 50 à 60 cm. La couche de finition est là pour assurer l'esthétique.

Plus le mur est ondulé, plus la taloche est petite. La taloche en plastique ne fait pas rouler le grain et donnera des aspects différents selon la prise du mortier : elle est donc à déconseiller.

L'enduit doit être amorti sur les pierres de taille. Il faut bannir les bourrelets et les contours soulignés. Plus on utilise des sables de gros diamètre, plus cette couche est épaisse : de 8 mm à 1,5 cm.

Pour obtenir une couleur uniforme, il convient d'attendre deux à trois semaines entre chaque couche.

Les enduits anciens que l'on rencontre ont déjà été dégradés par le temps et ont perdu leur aspect fini d'origine. Pour avoir une idée de cette finition d'origine, il faut examiner les parties les plus protégées telles que les débords de couverture. Rappelons que toutes les façades n'étaient pas forcément traitées de la même manière.

Sur la Bretagne, on rencontre essentiellement deux types de finitions : les enduits lissés et les enduits coupés.

Pour la finition lissée, l'enduit était resserré à la truelle le lendemain de sa mise en œuvre. Lorsque l'enduit marquait à peine sous la pression du pouce, il était souvent passé une lichette de chaux.

La lichette est une pâte de chaux qui peut rester blanche ou être teintée avec l'eau de lavage d'un sable argileux ou de la terre, ou avec des pigments. Cette lichette pouvait elle-même être feutrée pour estomper les coups de truelle.

Les enduits coupés sont des enduits pelliculaires. L'excédent de mortier frais était enlevé avec le tranchant de la truelle au moment même de la mise en œuvre. Il ne doit pas être confondu avec un enduit gratté, qui n'a jamais existé sur le bâti ancien.

Ces deux types d'enduits étaient entretenus régulièrement avec un badigeon de lait de chaux. Ces badigeons étaient aussi passés sur les pierres d'encadrement.

Resserrer l'enduit le lendemain participe à la qualité de l'enduit en éliminant des vides et en faisant repartir la carbonatation. De plus, cela diminue les différences de teintes et la formation de taches blanchâtres.

La couverture

Il peut toujours être envisagé de refaire une couverture de chaume à un prix raisonnable.

En effet, si le prix de revient du chaume est supérieur au coût de l'ardoise, une économie se réalise au niveau de la charpente qui peut être beaucoup moins importante, et surtout en raison de l'isolation thermique, car les 20 cm d'épaisseur de seigle ou de roseau ont un coefficient d'isolation thermique qui est à prendre en compte dans les calculs des déperditions.

Une telle couverture impose malgré tout certaines contraintes, à savoir un entretien régulier avec une vérification annuelle. Ceci peut être assuré par l'artisan qui a effectué le travail, dans l'esprit des contrats d'entretien comme il en existe dans le domaine du chauffage.

Il est clair que la qualité du matériau mis en œuvre a une importance primordiale sur la durée de vie de la couverture, qui est généralement supérieure à trente ans, et que la pente de la toiture est garante de l'étanchéité, et par là même de la durée.

Ces pentes fortes et les chevronnières qui correspondent aux toits de chaume ont souvent été transformées, soit par abaissement du haut du pignon, soit par rehaussement du mur lorsque le matériau de couverture a été changé. Ces modifications doivent guider toute intervention concernant la toiture et le choix de l'emploi de tel ou tel matériau de couverture.

L'ardoise épaisse de production locale est le plus souvent posée à « pureau décroissant ». Les pierres étant de tailles différentes, le pureau, partie apparente de l'ardoise sur le toit, se réduit au fur et à mesure que les dimensions d'ardoise diminuent. Elles sont posées au clou ou au crochet, voire avec des chevilles de bois pour les plus anciennes. Dans ce cas, elles sont posées sur un lattis de châtaignier refendu à la main, les chevilles venant se loger entre les lattes.

L'ardoise semi-épaisse, dite aussi ardoise rustique, ne présente pas le charme de l'ardoise épaisse, mais a malgré tout plus de relief que l'ardoise finie.

Elles étaient à l'origine posées aux clous, mais très rapidement les crochets galvanisés sont apparus. Ils rendent la pose plus rapide mais surtout, ils facilitent l'entretien. Toutefois, la galvanisation n'étant

Une malouinière au vaste toit d'ardoises anciennes, avec croupes, lucarnes, noues et pans coupés, aux environs de Saint-Malo.

pas toujours d'excellente qualité, les crochets s'oxydent souvent dans la partie non visible, et se coupent. Il devient alors nécessaire de remanier complètement la toiture. Travée par travée, toutes les ardoises sont déposées, éventuellement brossées, puis les meilleures sont reposées avec un crochet neuf.

Ces dernières décennies, sont apparus les crochets en inox qui résolvent ce problème de durée, mais qui par contre amènent un effet de réflexion du soleil qui, sous certains angles, donne un aspect désagréable de brillance à la toiture. Cet inconvénient peut être évité avec des crochets en inox teintés, mais pour le moment on ignore la durée dans le temps de la teinte.

L'ardoise d'Angers, ou ardoise fine, qui vient aujourd'hui davantage d'Espagne que d'Anjou, est proposée en qualités assez inégales. Il faut donc veiller à celle-ci, savoir par exemple que des impuretés telles que la pyrite représentent un danger en favorisant à la longue les voies d'eau.

Le faîtage est souvent « en lignolet », c'est-à-dire constitué d'un rang d'ardoises, décorées ou non, qui dépasse du faîte du toit. Il est bâti au mortier de chaux, les ardoises tournant le dos au vent dominant, sauf dans les monts d'Arrée où elles suivent les deux pentes.

Là où il n'y a pas de lignolet, le faîtage est constitué d'une tuile faîtière sans recouvrement, un boudin de mortier de chaux formant le joint. Ces tuiles doivent de préférence être de couleur claire et non vernissées.

Les arêtiers ainsi que les noues sont exécutés sans zinc, mais avec des « tranchis », ardoises de faible largeur.

Sur les côtes du Finistère et sur les îles bretonnes, l'usage de mortier de terre puis de chaux est fréquent pour la pose et le jointoiement des ardoises, à cause bien entendu de l'importante exposition aux vents marins.

Enfin, lors de la réfection de ces toitures, il y a lieu d'éviter de les redresser à outrance car leurs déformations concourent à leur charme. Il faut aussi utiliser de préférence des ardoises de petit format, plus proches des tailles d'origine et plus souples sur une charpente imparfaitement plane.

Les combles peuvent être éclairés par des verres morts constitués d'un carreau remplaçant une ou plusieurs ardoises. On utilise aussi des « tabatières », c'est-à-dire des verres posés dans un châssis ouvrant, généralement en fonte, articulé lui-même sur un support de fonte. L'étanchéité de ces tabatières laisse parfois à désirer et peut alors occasionner des dommages sérieux aux pièces de charpente.

Dans le Coglès, au nord de l'Ille-et-Vilaine, une tuile plate de petit format rappelant celle de Normandie et de Picardie est traditionnellement présente dans l'habitat. Posée sur des toitures à forte pente, elle a trop souvent été remplacée par des tuiles mécaniques de plus grand format dont l'approvisionnement était bien plus facile.

En Indre-et-Loire et dans la banlieue nantaise, c'est la tuile canal ou « tige de botte » qui servait de couverture, à l'origine d'une tout autre architecture à cause de la faible pente qu'elle impliquait.

D'autres genres de tuiles mécaniques ont fait leur apparition dans le Trégor suite au trafic maritime avec l'Angleterre à une époque où des bateaux en grand nombre transportaient des légumes vers les îles britanniques et faisaient le retour, lestés de lourds chargements de tuiles, revendues à bas prix sur les côtes au détriment de l'ardoise. Il est souhaitable de conserver aussi ce particularisme, témoin des échanges des Bretons avec la Grande-Bretagne.

L'entretien de toutes ces couvertures ne présente pas de difficulté dans la mesure où l'on a réussi à se procurer des tuiles de même type et de même format. Il est toutefois déplorable de voir l'usage d'Éternit sur laquelle une tuile canal est posée en chapeau. Cette méthode, trop souvent utilisée, ne peut abuser personne.

Afin de compléter le tour d'horizon sur les couvertures, citons enfin l'usage de bardeaux de bois, notamment dans la région de Saint-Malo, le plus souvent en châtaignier refendu. La plupart des ouvrages encore réalisés le sont avec du bois d'importation. La légèreté de ce matériau et sa bonne tenue ont fait qu'il a également été utilisé sur les moulins à vent, où la couverture est mobile afin de pouvoir présenter les ailes au vent.

La couverture représentant de 30 à 50 % de la surface totale visible d'une construction traditionnelle, il est indispensable de conserver les volumes et de ne pas redresser les charpentes plus que les besoins techniques ne l'imposent pour assurer l'étanchéité.

Il est souhaitable également de rester proche de l'aspect d'origine en ne multipliant pas à outrance les ouvertures en toiture. S'il doit en être percé quelques-unes, mieux vaut préférer des châssis de toit de petites tailles rectangulaires, la plus grande dimension dans le sens de la pente, et les modèles encastrés ou semi-encastrés. Enfin, il ne faut pas perdre de vue qu'une fenêtre de toit à surface égale donne environ une fois et demie plus de lumière qu'une fenêtre verticale ; par contre, la pluie qui bat dessus fait énormément de bruit.

Si l'on opte pour des lucarnes, il ne faut pas les multiplier à l'infini. Dans la mesure où le volume du toit, l'équilibre, le rythme de la maison permettent d'en ajouter, il faut s'inspirer des modèles existants ou environnants, tant pour la taille que pour le style.

Avant le XIXe siècle, il n'est pas fait usage de gouttières. Aussi, si l'on décide d'en mettre, le choix du type de gouttières et de leur pose doit faire l'objet d'une attention particulière. En aucun cas elles ne devront passer devant une lucarne. En leur absence, un moyen d'évacuer l'eau au pied du mur doit être prévu.

La charpente

Beaucoup de maisons anciennes en Bretagne étaient couvertes de chaume dont la légèreté ne justifiait pas une grosse charpente. Celle-ci n'était souvent constituée que de deux simples arbalétriers assemblés en faîtage par une entaille à mi-bois chevillée, tout au plus avec une sorte d'entrait retroussé à environ 1 m du faîtage, ce qui suffisait largement pour supporter la couverture.

L'ardoise s'est peu à peu substituée au chaume sur des charpentes souvent restées telles quelles.

On tombe donc maintenant bien souvent sur des charpentes mal triangulées, sous-dimensionnées et exerçant des poussées excessives sur les murs goutereaux, voire sur les pignons. La présence de dératèlement accentue ce phénomène. Une charpente bien conçue ne doit transmettre à la maçonnerie que des charges verticales et doit donc être triangulée. En effet, le triangle est une figure indéformable à même de reprendre tous les efforts obliques ou latéraux qui pourront lui être opposés : les efforts résultant du poids propre de la charpente, du poids de la couverture, de la force du vent, du poids de la neige.

Le triangle principal d'une ferme est constitué par deux arbalétriers recevant les pannes et prenant appui sur un entrait, la liaison arbalétriers-entrait étant assurée par un embrèvement qui permettra de reprendre la poussée latérale occasionnée par les arbalétriers. Il est à noter que c'est souvent une poutre supportant le plancher qui sert d'entrait. L'embrèvement formant cuvette à pu se remplir d'eau si la couverture a été momentanément défectueuse, favorisant le pourrissement des ancrages, d'autant que ceux-ci sont souvent noyés dans la maçonnerie et donc peu ventilés.

En présence d'un dératèlement, l'arbalétrier était parfois taillé dans un tronc d'arbre courbe pouvant épouser le rampant de la toiture et récupérer l'aplomb du mur. Toutefois, cela n'a pas toujours été le cas et l'on s'est contenté de faire reposer l'arbalétrier sur un morceau de poutre de faible longueur

Bien que minuscule, cette maison des environs de Morlaix révèle une implantation solide, des angles biens tenus, des entourages soignés et une fenêtre bien proportionnée dans l'avancée pour le confort intérieur. Ses matériaux de construction sont tirés du sol environnant et sa charpente grossière montre à quel point l'homme a su utiliser le bois non équarri pour tirer le meilleur parti de ses qualités naturelles.

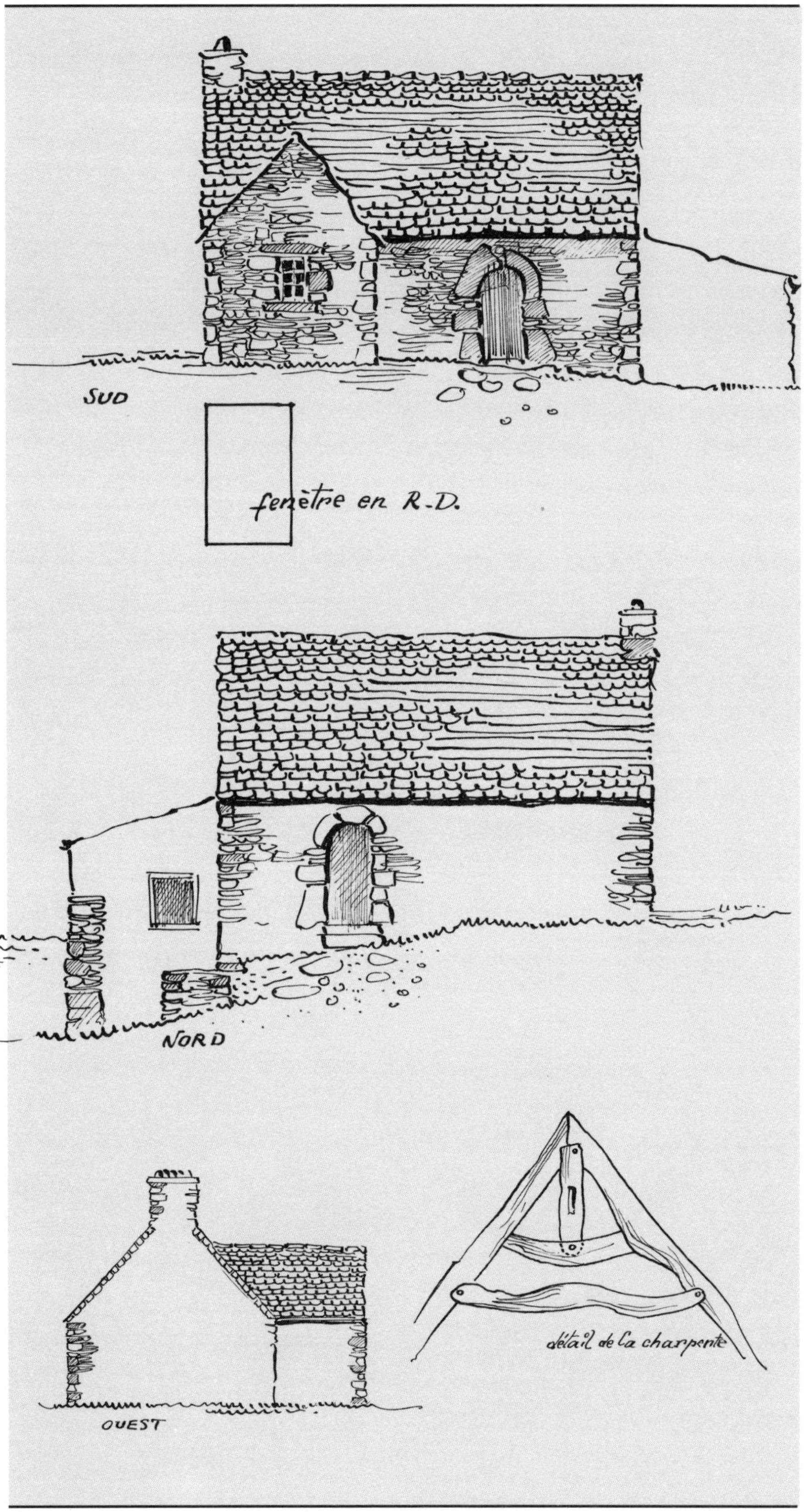

bâti dans le mur parallèlement à celui-ci ; dans ce cas, tous les efforts latéraux sont repris par la maçonnerie qui n'est nullement conçue pour cela.

Cet inconvénient a pu être modéré par l'utilisation d'une jambe de force prenant appui sur la poutraison et reprenant les poussées latérales des arbalétriers par deux blochets. Dans ces trois cas, un entrait retroussé vient fréquemment compléter la ferme, laissant le passage libre dans les combles.

Un poinçon peut relier cet entrait retroussé au faîtage et servir d'appui aux liens qui permettent la triangulation suivant la ligne de faîtage de la charpente. Poinçon et lien sont souvent absents en Bretagne, ce qui explique que nombre de fermes ont tendance à se coucher, parfois en poussant les pignons.

Enfin, la charpente doit être amarrée à la maçonnerie de telle manière qu'elle ne puisse être arrachée par un vent exceptionnel, tel l'ouragan de 1987.

Les poutres et les planchers

En gros, deux types de poutraison se répartissent entre l'est et l'ouest de la Bretagne.

À l'est, on trouve de deux à trois grosses poutres maîtresses d'un pied carré, soit 32,8 x 32,8 cm en moyenne voire davantage, portant de façade en façade avec un écarte-

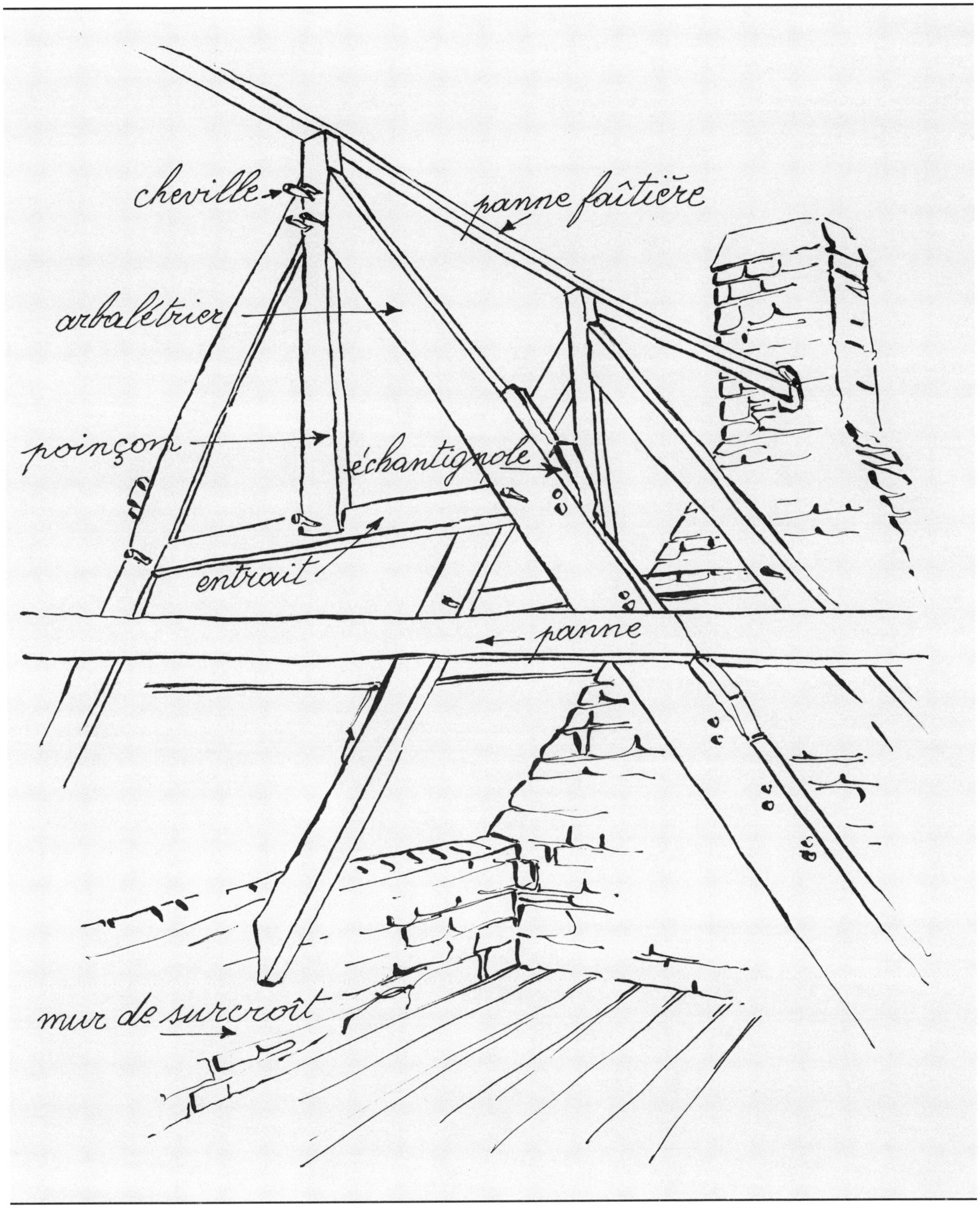

*Vocabulaire
et disposition du type
de charpente
le plus répandu
dans les maisons paysannes
de Bretagne.*

Les marques d'assemblage des charpentiers

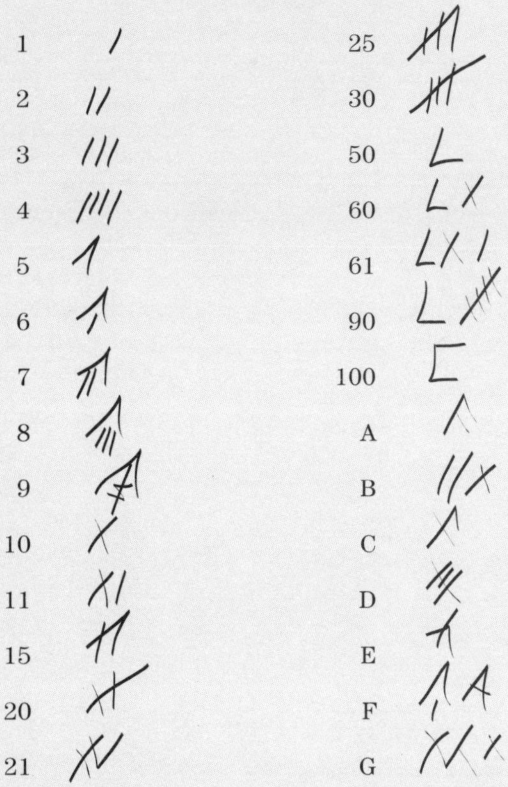

De 1 à 100 : les chiffres - de A à G : les repères - A, 5 contremarques (toutes les pièces de droite) - B, 2 à la croix (moise inférieure du trait) - C, 10 crochet (faîtage et liens) - D, 3 monte (pannes) - 1, patte d'oie (sablières) - F, C à l'archer (arêtiers) - G, 11 contremarques à la croix.

ment d'environ 2 m, et recevant des soliveaux carré de 8 x 8 cm à 16 x 16 cm, parallèles aux façades. Sur ces derniers repose le plancher proprement dit, soit en hourdis, soit en planches.

À l'ouest, les poutres sont de section légèrement plus faibles, de 21,8 x 21,8 cm à 24,5 cm. Écartées de 0,90 à 1,20 m en moyenne, elles portent de façade en façade et reçoivent directement le plancher de forte épaisseur et de longueur permettant souvent de couvrir deux intervalles. Cette deuxième méthode dégage plus de hauteur sous plafond avec une meilleure répartition des charges.

Les poutres sont principalement en orme, en chêne et en châtaignier.

L'orme est un bois très dur ayant peu d'aubier et autorisant des grandes portées par son fût droit, les branches maîtresses ne démarrant que très haut. Le chêne a une bonne résistance mécanique mais beaucoup d'aubier et le fût de l'arbre, avant la fourche, ne permet pas toujours de grandes longueurs. Le châtaignier, bien que de bonne résistance et ayant peu d'aubier, a tendance à rester plus souple et donc à se déformer davantage, c'est pourquoi il est moins utilisé. Les résineux, amenés par bateaux, ne sont utilisés qu'en bordure de mer.

Enfin, quand il s'agit de restaurer, il faut garder à l'esprit que les solives rectangulaires, de 8 x 20 cm ou 12 x 20 cm, n'ont fait leur apparition qu'au XIXe siècle.

L'aubier qui est attaqué par les vers doit en être expurgé. Mais il est à noter que cela sert davantage à éviter la chute de la sciure qu'il dégage qu'à pérenniser l'ouvrage. Toutes les parties de bois, embouts de poutres ou palâtres, doivent être contrôlées méthodiquement. Les trois faces visibles de la pièce de bois peuvent sembler en bon état

Quelques exemples d'assemblages types dans les charpentes et de leur intégration dans la maçonnerie.

alors que la face supérieure est rongée jusqu'au cœur. L'examen doit être d'autant plus minutieux que la couverture est ou a été défectueuse.

Si les scellements doivent être repris, il faut ménager une ventilation, employer des mortiers de chaux aérienne qui ont un effet curatif et proscrire les mortiers de ciment qui favorisent la condensation de l'eau.

Le traitement de ces bois est généralement inutile. En effet, à l'exception de l'aubier, qui a peu de résistance mécanique, un bois abattu depuis plus de cinquante ans et maintenu au sec qui n'est pas encore attaqué ne le sera probablement jamais.

Il y a toutefois une exception : la « seconde de la mort », un coléoptère, vrillette à l'âge adulte, pouvant pénétrer jusqu'au cœur du bois. Elle fait un bruit caractéristique, un petit craquement toutes les secondes, d'où son nom. Sa destruction nécessite l'intervention de spécialistes, les traitements de surface étant inopérants.

Beaucoup de traitements nocifs pour la vermine le sont aussi pour l'être humain et un traitement efficace contre un type de nuisance n'aura pas forcément d'effet contre une autre pathologie.

Les planchers de bois les plus courants sont à lames de toutes les largeurs, souvent en queue de billard. S'il s'agit de planches à rainure et languette, elles se joignent sur une poutre et sont clouées par-dessus, quelquefois chevillées.

Les planchers de bois sont essentiellement en chêne ou en châtaignier, plus tard en sapin. Pour s'affranchir des queues de billard, on trouve certains planchers où une planche est rainurée sur ses deux tranches, tandis que la suivante comporte deux languettes. Plus tard sont également apparues des planches d'égale largeur bouvetées également par bout.

Ce type de plancher commence à n'être plus cloué sur le dessus mais sur la languette, en biais, ce qui rend le pointage invisible.

De faible épaisseur, les planchers ont une durée de vie assez limitée. Ils ne datent donc pas toujours de l'origine du bâtiment et ont souvent été remplacés dès le XIXe siècle par des résineux.

S'il faut établir une pièce d'eau sur un parquet, il y a lieu de prendre toutes les précautions nécessaires en le protégeant contre l'humidité et en ventilant la pièce.

Les planchers ont souvent besoin d'être renforcés ou redressés. Plusieurs solutions sont possibles. Une chape en béton léger, comme de l'argile expansé ou de la vermiculite, peut être coulée sur l'ancien parquet gardé en fond de coffrage, permettant de sauvegarder la pièce inférieure. L'utilisation d'un produit millénaire redécouvert et nouveau sur le marché, constitué de chènevis aggloméré avec de la chaux aérienne, semble donner d'excellents résultats. On peut aussi utiliser des produits en vrac, billes de verre de polystyrène, etc. (il faut alors prendre garde que ces matériaux ne puissent s'écouler par le moindre trou du support ancien) qui seront recouverts de plaques telles que du plâtre de très haute dureté. Quelle que soit la solution retenue, un plancher flottant ou un revêtement doivent être envisagés.

Toutes ces solutions participeront à l'isolation phonique et thermique.

Les solives déformées du plancher peuvent aussi être doublées de solivettes permettant de rattraper leur flèche. Cette disposition autorise un revêtement en panneaux de particules ou en parquet. Son épaisseur sera fonction de l'écartement des solives. Le parquet pourra être en chêne ou en châtaignier, le sapin étant moins résistant. Si l'on veut rester dans le cadre de la tradition et donc de l'authenticité, les lames du parquet devront avoir une largeur comprise en 10 et 15 cm. Ceci peut permettre de reprendre la faiblesse d'une solive en répartissant les charges. La solution retenue devra tenir compte du passage des gaines électriques, des canalisations d'eau, éventuellement du chauffage.

Pour la restauration des planchers

anciens, il est toujours possible de changer quelques lames défectueuses en les faisant débiter par un artisan local.

Pour rendre plus confortable le sol des rez-de-chaussée, le parquet a aussi été utilisé sur terre-plein. Sa conservation est directement liée à sa ventilation. Il est posé sur lambourdes de chêne ou de châtaignier, elles-mêmes isolées du sol par des socles de pierre. Des chicanes sont ménagées afin de permettre la circulation de l'air par des ventilations extérieures. Un jour est ménagé entre le mur et le plancher afin que l'humidité de la maçonnerie ne se communique pas au bois. La plinthe vient masquer ce jour.

La bonne tenue de ces planchers est directement liée au système de ventilation qui doit donc être maintenu en bon état et pourvu de grilles afin d'empêcher les rongeurs de s'y installer.

Il est clair aussi que les différences brusques de température que subissent les habitations avec les méthodes de chauffage contemporaines font travailler le bois et que d'autre part, la présence d'humidité est néfaste à sa longévité.

Enfin, le plancher est agréable à l'œil, chaud aux pieds et provoque peu de cas d'allergies.

Si la vitrification peut être une solution facile d'entretien, rien ne vaut l'aspect de la cire.

Restent à mentionner les planchers hourdis. Ils sont constitués par une poutraison de grosse section, un solivage de lambourdes sensiblement carrées, de 10 x 10 à 15 cm, supportant les hourdis. Ceux-ci sont formés d'un barreau de châtaignier enrobé d'un mélange de terre et de foin. Ces hourdis peuvent être « à quenouilles aux torches ou fusées ».

Une couche de terre les recouvre pour recevoir un carrelage ou un plancher sur lambourde, le dessous pouvant être revêtu d'un enduit de terre ou de chaux grasse.

Cet ensemble présente des qualités d'isolation tant phoniques que thermiques difficilement concurrençables, et il est pratiquement imputrescible, car la terre protège le bois.

Si leur état de conservation est correct pour la majeure partie de la surface, il est préférable de réparer ou de refaire les parties détériorées plutôt que de tout changer pour un plancher contemporain qui n'égalera pas, et de loin, les avantages du plancher hourdis. D'autre part, la réfection partielle du plancher de quenouilles sera souvent moins onéreuse que son remplacement total. Enfin, l'ensemble de l'édifice y gagnera en qualité par une homogénéité de souplesse des matériaux mis en œuvre, et en authenticité par une technique d'origine préservée.

Les menuiseries

Les menuiseries sont certainement une des parties ayant le plus évolué dans le temps.

Il faut attendre les années 1500 pour voir apparaître le dormant – jusque-là, les menuiseries s'accrochaient directement en feuillure de maçonnerie.

Vers 1600, les meneaux de pierre ont peu à peu été remplacés par une croisée de meneaux de bois.

La conception du jet d'eau n'apparaît que vers la moitié du XVIIe siècle et il n'est encore que rapporté sur la menuiserie.

La fenêtre vient plaquer sur ces quatre côtés en fond de feuillure, y compris en appui. Cela provoque une très mauvaise étanchéité ; l'eau de pluie qui ruisselle sur la fenêtre pénètre entre la maçonnerie et la menuiserie, s'infiltre dans le mur et hormis l'humidité, voire le ruissellement qui en résulte, elle vient échouer sur le palâtre de l'étage inférieur, favorisant le pourrissement de celui-ci.

Lorsque le vitrage est utilisé, il est constitué de petits carreaux. En effet, ceux-ci sont soufflés, ce qui n'autorise pas de grandes dimensions.

Le vitrage en feuillure intérieure, donc peu étanche, reste fort cher et n'est utilisé que pour les constructions de prestige à fenêtres à petits carreaux.

La fenêtre à la française n'apparaît

qu'au XVIIIe siècle. Elle est souvent fermées par une barre transversale moins coûteuse que les quincailleries métalliques.

Ces observations sont d'ordre général pour la France ; il est bien évident qu'elles doivent être modulées localement.

Par ailleurs, il est intéressant de remarquer qu'il faut attendre la mécanisation pour pouvoir délignifier du bois sur dosse. Jusque-là, le bois est débité sur quartier ce qui, outre l'époque d'abattage, permet d'avoir un bois de bien meilleure qualité que de nos jours. En effet, une planche tirée sur dosse travaillera beaucoup plus qu'une planche tiré sur quartier. Cela présente une importance primordiale pour la sélection des planches servant à réaliser des panneaux comme les bas de porte.

Les bois sont d'autre part toujours orientés : un montant de porte sera toujours exécuté de telle sorte que le bois en œuvre se retrouve dans la position où il a poussé. Il est à noter que la colle est peu utilisée et que le fait de cheviller les pièces entre elles permet de changer une seule pièce défectueuse.

La protection des bois était assurée par une application de peinture à base d'huile de lin ou par une dissolution d'ocre rouge avec de l'alun ou de l'eau salée ayant des propriétés insecticides.

En conclusion, la diversité des réalisations, dues tant à l'époque qu'à l'artisan lui-même, nous oblige à conserver au maximum les menuiseries existantes pour s'en inspirer au moment de les remplacer. La conservation des ferrures est elle aussi très importante.

À défaut de pouvoir être réutilisées, elles serviront de modèle pour la fourniture des nouvelles quincailleries. Toutefois, notre notion du confort ainsi que la réglementation en vigueur nous obligera souvent à trouver des solutions plus performantes telles que l'utilisation de joints ou la mise en œuvre d'une pièce d'appui sur les fenêtres.

Il est souhaitable de peindre les menuiseries pour assurer leur protection plutôt que de les vernir.

Il faut enfin se méfier de la « mérule », ce champignon lignivore qui se développe sur le bois lorsque trois paramètres se trouvent réunis : humidité, manque de ventilation et manque de lumière. En sa présence, le bois perd toute qualité mécanique. Son développement est très rapide et se caractérise par la formation de taches blanchâtres. Il importe pour s'en débarrasser de brûler tous les bois contaminés, de passer au chalumeau toutes les parties de construction à proximité, y compris les murs, et d'éliminer les causes qui sont à l'origine de son développement.

Les termites font également leur apparition en Bretagne. Des cas sont signalés sur la côte atlantique, et sa propagation est hélas assez rapide. Un traitement efficace ne peut être réalisé que par des spécialistes. La termite, qui dévore le bois dans sa totalité, ne laissant qu'une fine membrane à l'extérieur, a la particularité de se reproduire dans le sous-sol environnant. De plus, son cycle de reproduction est de deux ans. Pour s'en débarrasser, il convient donc de traiter les bois contaminés mais également le sol environnant, voire même les pieds de mur par où elles cheminent, entre le sol et le bois.

Les clôtures

Le maintien, la restauration et la bonne intégration des clôtures relève de la même démarche que celle suivie pour aborder les questions liées à l'habitat. Elles en sont une annexe au même titre qu'un puits, un lavoir ou une crèche…

En pierres, les murs de clôture sont bien sûr constitués de maçonneries montées sur des largeurs plus faibles que celles des murs de construction. Ils sont régis par les mêmes règles, mais comme ils ne font pas partie d'une structure qui relie des pièces entre elles et comme ils sont le plus souvent très exposés aux intempéries et à la végétation, il faut en tenir compte quand il y a entretien, réparation ou création de clôture.

La protection contre l'eau de pluie est assurée par un « couronnement » dont la forme est propre à chaque région et dont la pente est déterminante quant à la mitoyenneté. En effet, l'eau doit s'écouler chez le propriétaire du mur. C'est donc celui-ci qui devra en assurer la pérennité. Mais en cas de mitoyenneté, si l'un des propriétaires n'assure pas sa charge, le mur entier va se ruiner. Certes, on pourra demander réparation, mais on ne sera jamais assuré de retrouver un mur de même qualité et surtout de même cachet que celui du mur original. Il convient donc de prendre les mesures qui s'imposent en temps utile.

Si la mitoyenneté est indiquée par le couronnement, ne perdons pas de vue que la fonction première de celui-ci est d'empêcher l'eau de pénétrer dans le mur, tant sur le dessus que par le ruissellement. À cette fin, un dispositif en saillie permet d'écarter l'eau du parement.

La dispersion des murs de clôture dans une propriété fait qu'ils peuvent se trouver dans des endroits où la végétation sera moins contrôlée que sur la périphérie des lieux d'habitation.

Or des troncs d'arbres peuvent déplacer un mur. Des grosses racines, en se créant sur place, vont modifier l'appareillage, voire même faire éclater ce mur. Les eaux de pluie qui vont ruisseler sur les végétaux vont pouvoir pénétrer dans le mur malgré l'efficacité du couronnement. La disparition de tout ou partie du couronnement va entraîner la ruine de l'ouvrage à court terme. La végétation doit donc être maîtrisée aux abords de ces murs.

Les murs de clôture en terre que l'on rencontre dans le bassin de Rennes ont toujours, comme les maisons, un soubassement de pierre et une couverture en ardoise ou en chaume.

Assemblées traditionnellement par des tresses de branches de châtaignier ou, à partir du XIXe siècle et du développement des scieries, par des limandes elles aussi de châtaignier, les clôtures de palis de schistes de la région de Redon sont soit en palis continus, soit en intervalles dans les haies. Les palis sont plus soignés autour des jardins qu'autour des prés. De 0,60 à 1,50 m de haut, les dalles s'enfoncent d'environ 30 cm dans le sol. Ce genre de clôture est tellement spectaculaire qu'il commande toute la conception d'un jardin.

On peut donc infiltrer la clôture dans du végétal, ou donner l'impression qu'elle est oubliée en la faisant disparaître dans un fouillis de plantes tout en laissant par moments les pierres à hauteur des yeux et des mains – le végétal est alors au-dessus. Dans ce cas, il convient de choisir une couleur de bois intéressante puisqu'en partie basse, on ne voit que les troncs.

En conclusion, la clôture est un élément à ne pas négliger, aussi bien pour le complément qu'elle apporte aux constructions que pour son impact dans le paysage. Si possible, il faut lui faire suivre le dénivelé du terrain. Elle ne sera alors pas linéaire, mais jouera avec les sinuosités. Elle peut longer une sente, un ruisseau… Il est préférable de ne pas se couper de l'environnement, des cultures, des pâtures, etc.

Les bâtiments ont souvent « du poids », aussi les clôtures doivent-elles en avoir aussi. À cette fin, il vaut mieux éviter le bois dont l'apport est trop « léger ». En fonction de l'environnement, le choix portera plutôt sur des murets de pierres sèches ou maçonnées, avec un dôme herbu ou pas, planté ou non.

Le rôle de la clôture doit donc être bien défini : rôle défensif, de coupe-vent ou simplement ornemental. Sa prise en compte et les réflexions à son sujet doivent se faire en même temps que la conception de la réhabilitation de la maison. Il est donc souhaitable que dès le départ d'un projet, il y ait concertation entre le propriétaire, l'architecte, l'artisan et l'éventuel paysagiste.

Comme la plupart des églises paroissiales et des chapelles de Bretagne, l'église de Plouégat-Guérand, dans le Trégor, est entourée d'un mur de clôture couronné de pierres taillées en arrondi.

Les proportions

Au troisième siècle avant notre ère, Euclide, dans son fameux traité *Les Éléments*, construisit, au sens moderne du terme, une science de la géométrie contenant l'essentiel des propriétés géométriques du nombre d'or, indépendamment de toute préoccupation mystique.

Trois siècles plus tard, Vitruve, architecte et ingénieur romain, écrivait : « *L'ordonnance d'un édifice consiste dans la proportion qui doit être soigneusement observée par les architectes. Or la proportion dépend du rapport que les Grecs appellent analogie ; et par rapport il faut entendre la subordination des mesures au module dans tout l'ensemble de l'ouvrage, ce par quoi toutes les proportions sont réglées ; car jamais un bâtiment ne pourra être bien ordonné s'il n'a cette proportion et ce rapport, et si toutes les parties ne sont les unes par rapport aux autres, comme le sont celles du corps d'un homme bien formé.* »

En France, le plus ancien traité de géométrie, attribué à Alexandre de Villedieu, datant du XIIIe siècle, définit clairement le rectangle dynamique (1 x 1,41) : « *Si tu veux faire croître exactement le carré, allonge le côté du quart et du sixte. Et cette longueur est la ligne diagonale autant qu'on peut l'approcher.* »

Puis, Luca Pacioli publie en 1509 un ouvrage titré *Divina Proportione*, illustré par Léonard de Vinci, dans lequel il traite, au sens cette fois-ci mathématique du terme, de la proportion des rapports dont la valeur commune est le nombre d'or. Dans les mêmes années, Philippe Beaumanoir, architecte breton de la région de Morlaix, indique, de la manière la plus simple, l'emploi de figures géométriques pour ses constructions, constituant aujourd'hui le patrimoine architectural de notre région. En 1511, dans le devis pour la construction de l'église de Plougonven : « *Le porche devers le midi aura 19 pieds de large et autant de hauteur ; il sera dallé et fait entièrement de pierres de taille ; le portail aura 5 pieds de large et 7 pieds de haut…* ». Dans un porche conçu en carré s'ouvre ainsi une ouverture inscrite dans un rectangle dynamique. Le même architecte « maître-ouvrier en pierres » propose en 1535 pour la tour sud de Notre-Dame à Guingamp : « *Une tour de 80 pieds sur une base carrée surmontée d'une flèche octogonale…* ». Que de symbolisme dans le nombre, l'octogone, le carré !

Plus proche de nous encore, en 1648, Philippe Delorme, architecte du roi, précise : « *Prenez trois lignes desquelles l'une soit divisée en trois, l'autre en quatre et la troisième en cinq parties toutes égales, et d'une même proportion. Soit par exemple AB, la première ligne divisée en cinq parties égales, la seconde CD, divisée en quatre, et la troisième EF, divisée en trois. Si vous mettez la ligne divisée en quatre pour celle sur laquelle vous voulez tirer votre perpendiculaire, comme vous voyez IG, puis…* ».

Des proportions découlant du carré ont donc bel et bien géré pendant plus de deux mille ans, de manière raisonnée, codifiée et consciente, le patrimoine architectural, y compris en zone rurale, que nous avons en permanence sous les yeux et la recommandation contenue dans le texte destiné aux étudiants des écoles d'architecture écrit par Le Corbusier en 1941 garde toute sa force d'interpellation : « *La sensation devant l'architecture, vous l'aurez par la mesure de distances, de dimensions, de hauteurs, de volumes : mathématique qui a une clef, donnant l'unité, selon que c'est réussi ou raté* ».

Le croyez-vous ? Cette clef de l'architecture, la proportion, a été perdue, oubliée. Elle qui, à certaines époques, était tout, conduisant jusqu'aux mystères mêmes, on n'y pense plus, on ne s'en soucie plus, on l'a abandonnée.

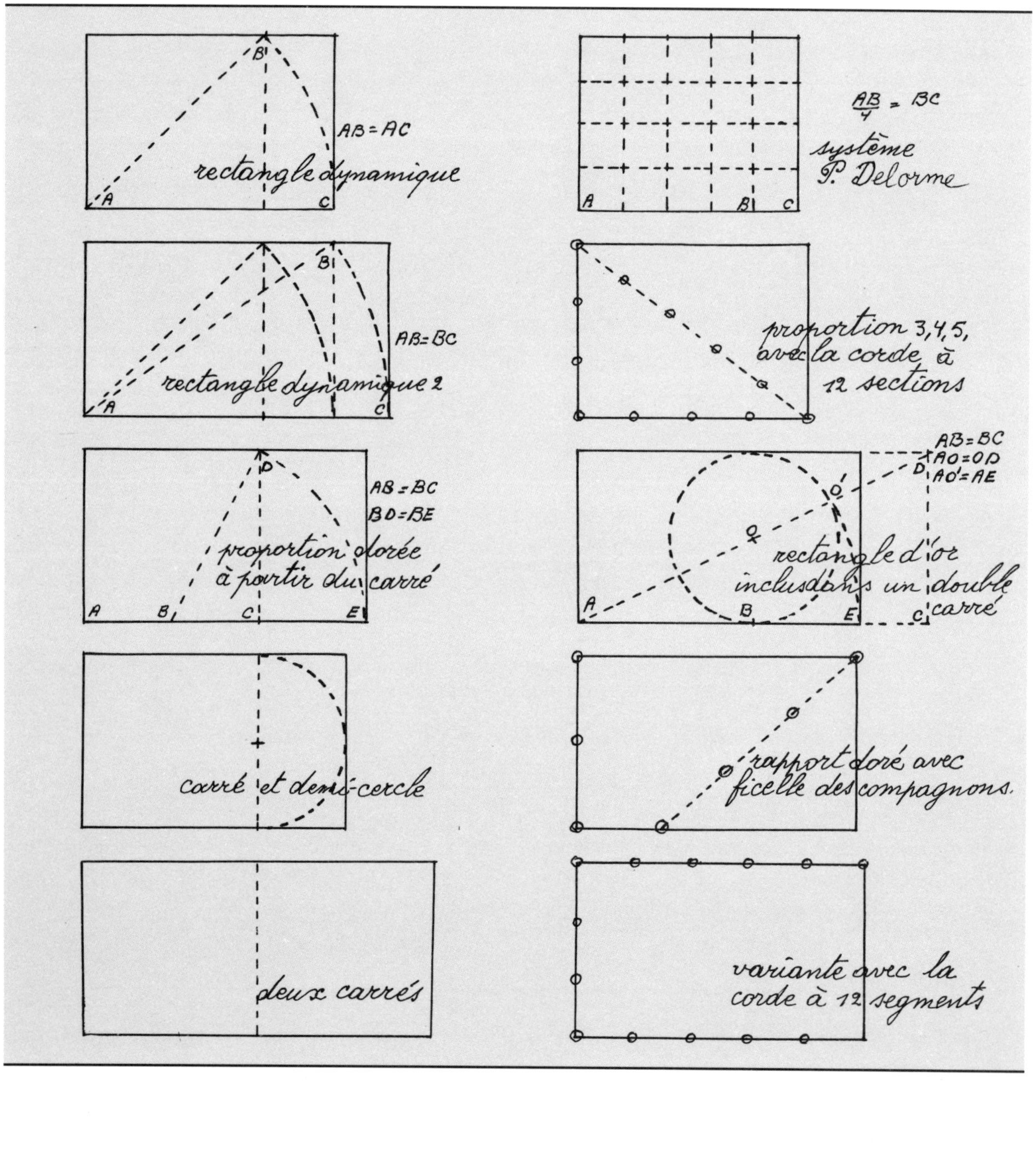

Les différents systèmes de proportions les plus couramment employés, même dans les constructions les plus modestes.

Lexique

A

■ **About :** c'est dans l'assemblage de la charpente, la partie d'une pièce de bois depuis une entaille ou une mortaise.

■ **Adobe :** petites briquettes de terre crue pour construire un mur ou pour servir de remplissage dans les maisons à pans de bois.

■ **Agrafe** : crampon qui assure la fixation des pierres entre elles et les empêche de se disjoindre.

■ **Aisselier :** pièce de charpente oblique, placée sous l'entrait pour soulager l'assemblage de celui de l'arbalétrier.

■ **Alèse :** planche étroite qu'on ajoute à une autre pour l'élargir.

■ **Allège :** mur d'appui amoindri sous l'appui d'une fenêtre.

■ **Altérites :** produits d'altération de roches ; dans le bassin de Rennes : produits d'altération de schistes.

■ **Alterné :** se dit de différentes sortes de pierres disposées tour à tour en lignes horizontales (un lit alterné).

■ **Ancre :** pièce de fer à placer à l'extrémité d'un chaînage pour s'opposer à l'écartement des murs.

■ **Aplomb :** direction verticale indiquée par le fil à plomb.

■ **Apotheis :** terme breton signifiant une avancée sur façade se terminant par un pignon triangulaire.

■ **Appareil :** pierres faisant partie d'une maçonnerie et dont les dispositions peuvent être très diverses.

■ **Appentis :** abri, petite construction qui s'appuie contre un mur.

■ **Appui :** élément de construction constituant un support pour un autre élément.

■ **Appui (*de fenêtre*) :** tablette supérieure de l'allège d'une autre fenêtre.

■ **Arase :** surface horizontale supérieure de la dernière assise d'un mur.

■ **Arbalétrier :** pièce de bois qui suit le rampant de la toiture et sur lequel reposent les pannes.

■ **Arc :** construction, courbe qui s'appuie par ses extrémités sur deux points solides.

■ **Arc de décharge :** élément de construction important puisqu'il sert à recevoir une forte pression verticale sur les linteaux des portes ou des fenêtres. Les arcs de décharge apportent souvent une touche inattendue aux façades. C'est comme si les maçons mettaient un point d'honneur à les diversifier presqu'à l'infini, comme pour affirmer leur savoir-faire et leur personnalité.

■ **Ardoise :** roche bleue-noire, imperméable, qui se délite facilement en plaques minces.

■ **Arène granitique :** sable obtenu par altération sur place d'un granite, composé essentiellement de quartz, de blancs si le granite d'origine en renferme, et d'argiles provenant de la destruction de feldspaths. Les hydroxydes ferriques libérés par destruction des micas noirs colorent l'ensemble en rouille plus ou moins soutenu.

■ **Arêtier :** pièce de bois qui part des angles d'un édifice pour donner au toit la forme d'un pavillon.

Différents exemples d'arcs de décharge observés sur les maisons traditionnelles de Bretagne. Leur but était de soulager le poids de la maçonnerie surplombant une ouverture en le renvoyant sur les côtés pleins.

Arc de décharge

Arc de décharge

■ **Argile :** minéral, silicate hydraté en feuillets de dimensions infra-microscopiques.
Ces minéraux ont la propriété de gonfler ou de se rétracter en fonction de la quantité d'eau absorbée entre les feuillets. Ce sont des produits d'altération de minéraux préexistants, notamment des feldspaths.

■ **Arrachement** (*pierre d'*) **:** pierre saillante amorçant une mitoyenneté.

■ **Arrêt :** endroit ou se termine une moulure ou un chanfrein qui ne se profile que sur une longueur déterminée.

■ **Arrière-voussure :** espèce de voûte que l'on fait derrière une porte ou une fenêtre pour couronner l'embrasure ou faire que la porte s'ouvre plus facilement.

■ **Assiette :** sommet d'un mur où repose la charpente du toit.

■ **Assisées** (*pierres*) **:** rangée de pierres disposées horizontalement dans un mur.

■ **Âtre :** sol du foyer.

■ **Aubier :** partie tendre qui se trouve entre l'écorce et le bois ferme d'un arbre.

■ **Auget :** remplissage en plâtre formant une cuvette entre les solives d'un parquet.

■ **Auvent :** couverture en surplomb destinée à la protection d'un élément de façade sensible aux intempéries.

■ **Avant-corps :** partie d'un bâtiment en saillie sur la façade principale.

B

■ **Badigeon :** peinture faite avec de l'eau, de la chaux et un colorant.

■ **Banché :** technique de mise en œuvre du pisé en couches successives.

■ **Bandeau :** élément de pierre saillante disposée horizontalement tout le long du mur d'une façade, généralement au niveau de l'empoutrement.

■ **Barbacane :** ouverture longue et étroite pratiquée dans un mur, principalement dans un mur de soutènement, pour permettre l'évacuation des eaux d'infiltration.

■ **Bardage :** protection en bois de la partie verticale d'une construction.

■ **Bardeau :** planchette de bois employée en couverture ou en revêtement extérieur.

■ **Bardelis :** habillage vertical, ou bardage, d'ardoises sur le chevron en rive du toit.

■ **Barotin :** petit barreau, généralement d'escalier.

■ **Battant :** chaque partie d'une porte ou d'une fenêtre mobile autour de gonds.

■ **Bauge :** technique de mise en œuvre traditionnelle.
La terre bien humide est mêlée à de la paille et les murs sont montés par levées successives, puis taillés « à la parouère ».

■ **Besage :** disposition de pierres alternativement posées en longueur et en largeur.

■ **Beurré** (*joint*) **:** joint plein dont le mortier recouvre partiellement l'élément maçonné sans saillir du parement.

■ **Blocage :** pierres accumulées et calées dans les vides entre deux maçonneries ou noyées dans le mortier.

■ **Blochet :** pièce de bois horizontale recevant les pieds des arbalétriers.

■ **Bossage :** revêtement en pierres taillées ou brutes formant à dessein un relief sur la façade d'un mur.

■ **Boucharde :** marteau à pointe des maçons.

Brandille : trou pratiqué dans un chevron pour y placer une cheville.

Boutisse : pierre taillée dont la plus grande dimension se trouve dans l'épaisseur de la construction, et présentant une des extrémités en façade. Son emploi sert à créer une liaison entre deux parements.

Brettelure : marque laissée sur la pierre par un instrument à dents utilisé pour sa taille.

Brique : pierre artificielle à base d'argile et cuite au four.

Brisis : versant inférieur d'un comble à mansarde.

C

Carreau : pierre dont l'une des plus grandes faces apparaît en permanence dans la maçonnerie.

Carrée : encadrement en bois d'une porte ou d'une fenêtre d'une maison en terre.

Cavet : moulure concave dont le profil est en quart de cercle et fait l'effet contraire d'un quart de rond.

Chaînage : superposition de pierres de taille dont les queues longues et courtes sont alternées pour empêcher les écartements de constructions de maçonnerie.

Chambranle : encadrement d'une fenêtre ou d'une porte.

Chanfrein : abattement continu de l'arête d'une pierre de taille ou d'une pièce de bois.

Chanlatte : bois de section triangulaire posé horizontalement à la base des chevrons ou des coyaux pour recevoir les premiers rangs des matériaux de couverture.

Chant : côté le plus étroit d'une pièce de section rectangulaire.

Chantignole : pièce de bois triangulaire fixée sur l'arbalétrier pour soutenir la panne.

Charpente : la technique qui consiste à assembler de manière indéformable les pièces de bois constituant l'armature de la couverture d'un bâtiment, repose sur l'imparable efficacité de la triangulation des fermes de charpente.

Châssis : cadre en bois dans lequel s'adapte une fenêtre ou une porte.

Chaulage : crépi de lait de chaux.

Chaume : paille longue, sans graines, qui sert à recouvrir des habitations.

Chevêtre : assemblage de charpenterie qui sert à terminer la largeur des cheminées et autres passages que l'on observe dans les planchers et les plafonds. Voir à contreclef, contrecœur, contrefiche, contrefort et contre-mur.

Chevron : bois de section carrée destiné à recevoir le voligeage ou le lattis.

Chien-assis : petite lucarne à toiture en contre-pente.

Cintre : courbure concave et continue de la surface intérieure d'un arc ou d'une voûte.

Clairis : habillage vertical d'ardoises.

Claveau : pierre taillée en forme de coin qui sert à construire un linteau, un arc, une voûte.

Clef : dernière pierre qu'on met en haut d'une voûte ou d'un arc et qui affermit toutes les autres.

Climacique (*végétation*) **:** végétation naturelle en équilibre avec le climat et le sol, qui a atteint son stade évolutif final.

Colombage : charpente apparente d'un mur d'une construction à pans de bois.

Comble : partie de l'édifice contenue dans le volume du toit.

▪ **Console :** support en pierre, en bois ou en métal, destiné à soutenir un élément d'architecture.

▪ **Contreclef :** chacune des deux pièces placées de chaque côté de la clef d'une voûte ou d'une arcade.

▪ **Contrecœur :** mur formant le fond d'une cheminée.

▪ **Contre-fiche :** pièce de charpente qui relie l'arbalétrier au poinçon.

▪ **Contrefort :** pilier construit en saillie sur mur pour le renforcer.

▪ **Contre-mur :** seconde muraille adossée à un mur pour lui servir de contrefort.

▪ **Corbeau :** pierre ou pièce de bois en saillie sur la verticale d'un mur pour soutenir quelque chose (poutre, arc, corniche, etc.).

▪ **Corbelet :** petit corbeau.

▪ **Corniche :** saillie horizontale continue formant le haut d'un mur et qui en préserve le pied de la pluie.

▪ **Cornière :** pièce triangulaire assurant la jointure de deux versants d'un toit.

▪ **Couronnement :** partie supérieure d'un édifice.

▪ **Coyau :** pièce de bois rapportée en pied de chevron pour adoucir la pente de la toiture en bas du toit.

▪ **Crapaudine :** pierres creusées ou plot creux dans lequel pivote le sabot de la penture inférieure d'une porte.

Croisée : ouvrage de menuiserie qui sert à clore une fenêtre tout en laissant pénétrer le jour.

▪ **Croix de Saint-André :** croisement de deux pièces de bois placées selon les diagonales d'un rectangle de manière à rendre le panneau indéformable.

▪ **Crochets de contrevents :** les contrevents sont des volets extérieurs. Leurs crochets sont le plus souvent en forme de « S » et sont scellés dans la maçonnerie.
Ces petits objets, qui peuvent paraître bien anodins, témoignent souvent de la maîtrise du forgeron par la justesse de leur conception et la variété de leurs motifs.

▪ **Crossette :** petite pierre taillée sortant de l'aplomb du mur au-dessus du chaînage d'angle, et marquant le départ de la chevronnière.

▪ **Croupe :** versant oblique du toit remplaçant un mur pignon.

D

▪ **Décharge :** pièce oblique destinée à s'opposer à la déformation d'un mur.

▪ **Délit :** pierre posée dans la maçonnerie de telle sorte que le sens de ses lits de carrière se trouvent orientés verticalement.

▪ **Dormant :** cadre fixe d'une baie, destiné à recevoir une porte ou une fenêtre.

▪ **Doublis :** en bas d'une toiture, les ardoises sont doublées pour en renforcer la solidité lorsqu'on y appuie une échelle.

E

▪ **Ébrasement ou embrasure :** biais donné à l'épaisseur d'un mur à l'endroit d'une baie, pour faciliter l'ouverture des vantaux ou pour un meilleur éclairage.

▪ **Écobuage :** pelage de la terre en enlevant les mottes avec les herbes et les racines.

▪ **Écoinçon :** pierre qui fait l'encoignure de l'embrasure d'une fenêtre ou d'une porte.

▪ **Égout :** bord bas d'un versant du toit d'où tombent les eaux pluviales.

▪ **Élévation :** face verticale d'une construction à l'intérieur ou à l'extérieur.

Crochets de contrevents en fer forgé

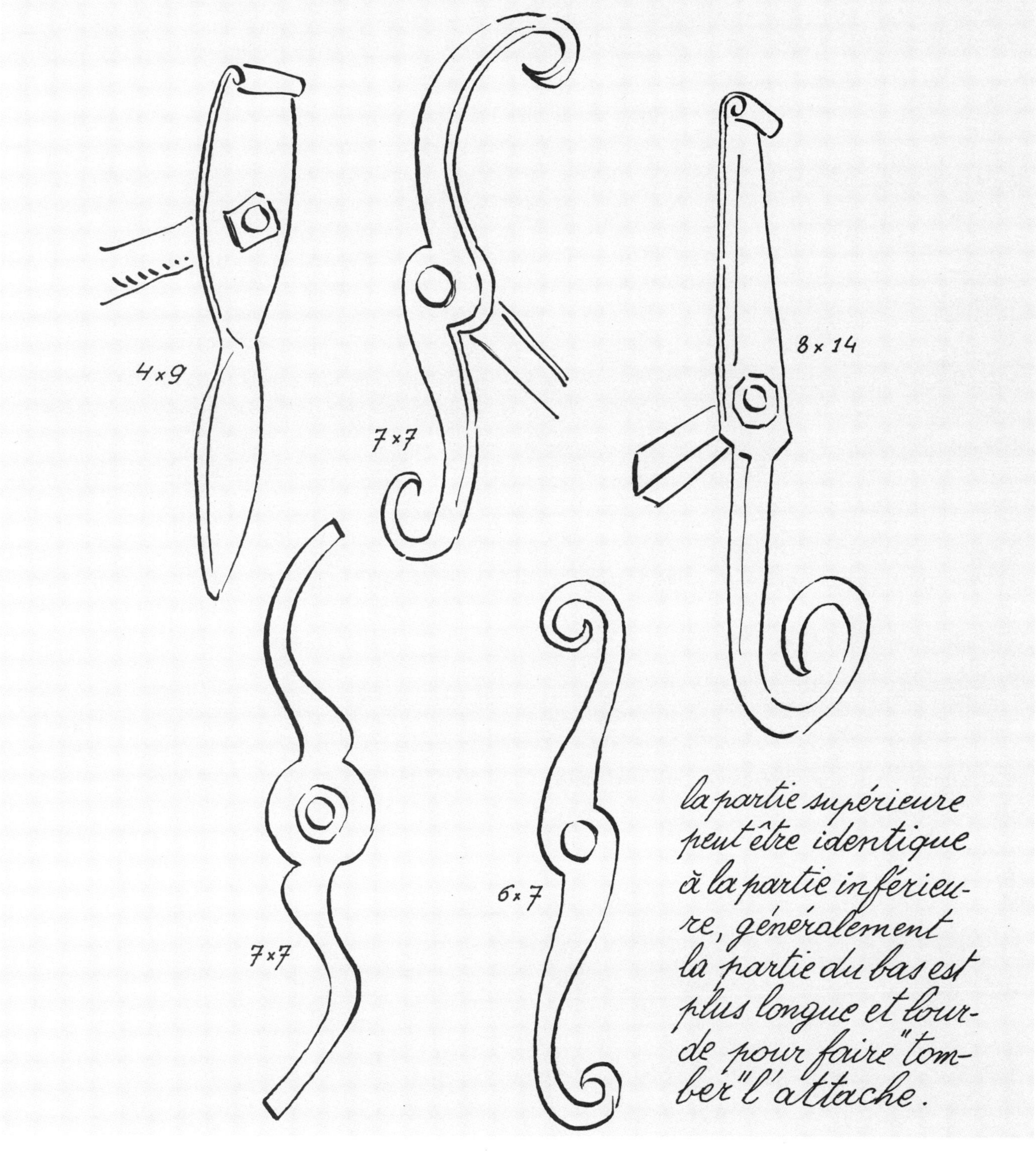

Les crochets de contrevents sont le plus souvent en forme de « S » et témoignent parfois de l'imagination et du savoir-faire de forgerons inspirés.

■ **Embarrure :** calfeutrement de mortier que l'on fait entre les faîtières et la couverture d'une toiture.

■ **Embrasement :** base continue qui fait saillie au pied d'un bâtiment et qui supporte la charge de l'édifice.

■ **Embrasure :** voir à embrasement.

■ **Embrèvement :** technique d'assemblage oblique de pièces de bois surtout utilisée en charpenterie.

■ **Encadrement :** partie de la maçonnerie qui entoure une baie ou un panneau.

■ **Encorbellement :** construction établie en porte-à-faux sur un étage en retrait, et supportée par des consoles ou des corbeaux.

■ **Enduit :** revêtement, appliqué en couches minces, de la surface d'un mur.

■ **Enfigurage :** disposition des baies dans un mur.

■ **Entablement :** dernier rang de pierres qui est au haut du mur sur lequel repose la charpente de couverture.

■ **Entaille :** coupure avec enlèvement de matière (bois, pierre) faite volontairement.

■ **Entrait :** pièce de bois horizontale reliant les deux arbalétriers ; normalement situé au bas de la charpente, il peut être placé plus haut pour dégager le volume du comble. Il est dit alors « relevé » ou « retroussé ».

■ **Entre-trave :** ensemble de solives qui s'appuient sur les poutres.

■ **Entretoise** : pièce de bois qui se met entre deux autres pour maintenir l'écartement.

■ **Esselier :** lien qui unit l'arbalétrier avec l'entrait.

■ **Exhaussement :** surélévation d'un mur pour obtenir un volume plus utilisable dans le comble.

■ **Extrados :** surface supérieure curviligne d'un arc ou d'une voûte.

F

■ **Faîtage :** ligne de faîte d'un toit, couverture de l'intersection de deux pentes opposées.

■ **Falun :** roche formée par accumulation de débris coquilliers et de sables sédimentés dans une mer peu profonde d'âge tertiaire pour les faluns du Quiou et de Chartres-de-Bretagne (20 millions d'années).

■ **Faux-manteau :** manteau ne reposant que sur des corbeaux.

■ **Feldspaths :** minéraux communs des granites, des gneiss et des migmatites, silicate d'alumine renfermant aussi soit du potassium, soit du sodium et du calcium. Lorsqu'ils sont sains, ils sont le plus souvent blancs ou roses, à cassure brillante. Ils deviennent mats et poudreux par altération et peuvent alors s'imbiber d'hydroxydes ferriques (« rouille ») et se colorent plus ou moins intensément.

■ **Ferme :** ensemble indéformable des pièces de bois constituant la charpente.

■ **Ferronnerie :** désigne tous les éléments métalliques d'une construction.

■ **Feuilletage :** débit en feuillets de quelques millimètres à quelques centimètres.

■ **Filons (*roches en*) :** roches ayant cicatrisé des fissures plus ou moins larges (centimétriques et décamétriques) de l'écorce terrestre.

■ **Flèche :** mesure de la courbe d'une pièce de bois cintrée.

■ **Fondations** : assises d'une construction enfouies dans le sol.

■ **Foyer :** espace de la cheminée réservé à la combustion.

■ **Fronton :** partie supérieure d'un

édifice ou d'une ouverture, généralement triangulaire. Il peut être aussi brisé ou circulaire.

■ **Fruit :** inclinaison volontaire de la paroi extérieure d'un mur pour en renforcer la base.

G

■ **Gable :** partie triangulaire d'un mur de pignon, d'un fronton.

■ **Galandage :** remplissage des pans de bois par des briques posées sur le chant et maçonnées entre les éléments de la structure.

■ **Gneiss :** voir métamorphisme. Les gneiss ont la composition minéralogique des granites : quartz, feldspaths, micas ; ils en diffèrent par leur aspect « orienté » dû à une cristallisation (sans fusion) sous des pressions orientées.

■ **Gorge :** moulure concave arrondie à la partie inférieure et qui sert aux cadres et aux chambranles.

■ **Gouttereau :** mur surplombé par l'égout du toit ; il est opposé au mur pignon.

■ **Grain :** le « grain » définit la dimension moyenne des constituants d'une roche. On parle de gros grain si la dimension moyenne des constituants est supérieure à

Ferronneries

Quelques exemples de ferronneries de loquets ou d'entrée de serrure relevés sur les portes des maisons bretonnes.

1 cm, de grain fin au-dessous de 1 mm, de grain moyen entre les deux dimensions.

■ **Granite :** roche résultant de la cristallisation en profondeur dans l'écorce terrestre d'un magma riche en silice. C'est une roche entièrement cristallisée composée essentiellement de quartz, de felspaths et de micas noirs et / ou blancs. Ces minéraux n'ont généralement pas d'orientation préférentielle. Ce terme vient de l'italien *granito* : qui a du grain.

■ **Grès :** anciens sables consolidés. Dans les grès ordinaires à grain grossier, on distingue encore bien les anciens grains du sable d'origine : grains de quartz essentiellement, parfois accompagnés de grains de feldspaths (grès d'Erquy...) ou de paillettes argentées à éclat vif de micas blancs. Quand le grain est fin, il devient difficile, voire impossible, de distinguer les anciens grains de sable. La roche a alors un toucher moins rugueux, un aspect plus homogène. Dans les grès quartzites, la matière siliceuse qui assurait la liaison entre les différents grains du sable a entièrement cristallisé, donnant du quartz qui masque totalement les anciens grains. Ces roches sont très dures, se cassent en donnant des arêtes vives. Elles ont un aspect homogène et un toucher plus lisse que les grès ordinaires.

■ **Guettes :** demi-croix de Saint-André posée en contre-fiche dans un pan de bois.

H

■ **Harpe :** pierre d'attente qui sort d'un mur.

■ **Harpon :** scie à deux poignées.

■ **Hotte :** partie haute d'une cheminée intérieure contenant le conduit de fumée.

■ **Hourder :** lier avec un mortier.

■ **Hourdis :** maçonnerie qui garnit un colombage.

■ **Hu :** plus petit battant d'une porte à deux battants.

I

■ **Implantation :** manière de disposer les bâtiments dans le paysage.

■ **Imposte :** partie ouvrante ou dormante au-dessus des vantaux d'une ouverture.

■ **Intrados :** surface intérieure curviligne d'un arc ou d'une voûte.

J

■ **Jambe de force :** pièce de ferme reliant obliquement l'arbalétrier au poteau ou au mur de soutien.

■ **Jambette :** lien vertical soulageant une pièce oblique dans une charpente.

■ **Joint :** intervalle, rempli ou non de mortier, séparant les pierres d'une construction.

■ **Jointoiement :** remplissage des joints entre les pierres avec du ciment ou du mortier.

■ **Jour :** baie de petites dimensions généralement sans fermeture.

L

■ **Lambourde :** pièce de bois posée horizontalement le long d'un mur, sur des corbeaux, sur laquelle reposent les solives d'un plancher en bois.

■ **Lambris :** revêtement intérieur en bois des murs ou du plafond.

■ **Lancis :** nom des deux pierres qui entrent dans le jambage d'une ouverture dans l'épaisseur du tableau pour le parement, lancis d'écoiçon pour celle qui est au-dessus du mur.

■ **Larmier :** profil en maçonnerie saillant sur le nu du mur, dont la face inférieure oblige les eaux de pluie à s'égoutter.

■ **Latte :** morceau de bois long et mince, qui reçoit le pisé ou le plâtre, ou auquel on accroche les tuiles, parfois les ardoises.

Hourdis à quenouilles

Déjà anciennement et jusqu'à la première moitié du XIXe siècle, certaines maisons possédaient encore des plafonds faits de rouleaux serrés les uns contre les autres entre les solives. Cette mise en œuvre dite « en hourdis à quenouilles aux torches ou fusées », formant par ailleurs, et malgré une apparence archaïque, un parfait isolant thermique et phonique, se fait de la façon suivante.

On taille des baguettes, ou bardeaux, en bois de châtaignier coupé à l'automne pour être utilisé au printemps et fendu parce qu'ainsi il est plus résistant que scié. Leur longueur est fonction, bien entendu, de l'écartement des solives, généralement une cinquantaine de centimètres, en n'oubliant pas le « bout de bois » pour le recouvrement sur une demi-solive de chaque côté. À cette longueur correspond un diamètre de trois centimètres.

Puis, avec une terre argileuse bien séchée, passée au tamis et ensuite abondamment mouillée, on obtient une pâte onctueuse : la barbotine.

Vient ensuite la fabrication à proprement parler des quenouilles par enroulement et en alternant barbotine et foin sec, coupé de l'année afin qu'il garde toute sa longueur et ne se brise pas, et ce, couche après couche jusqu'à obtenir un fuseau dont le diamètre fera environ huit centimètres.

Bien serrées les unes contre les autres, les quenouilles sont ensuite disposées sur les solives puis égalisées par-dessus et par dessous en appliquant à la main ou à la truelle une couche de terre mélangée avec du foin haché.

Dans les habitations, les plafonds hourdis peuvent supporter un plancher posé sur des lambourdes calées dans la terre fraîche. Dans des maisons plus aisées, ce peut être un sol en carreaux de terre cuite posés à joints vifs sur la terre. Dans des constructions plus modestes ou dans les annexes, les quenouilles sont laissées apparentes ou simplement chaulées.

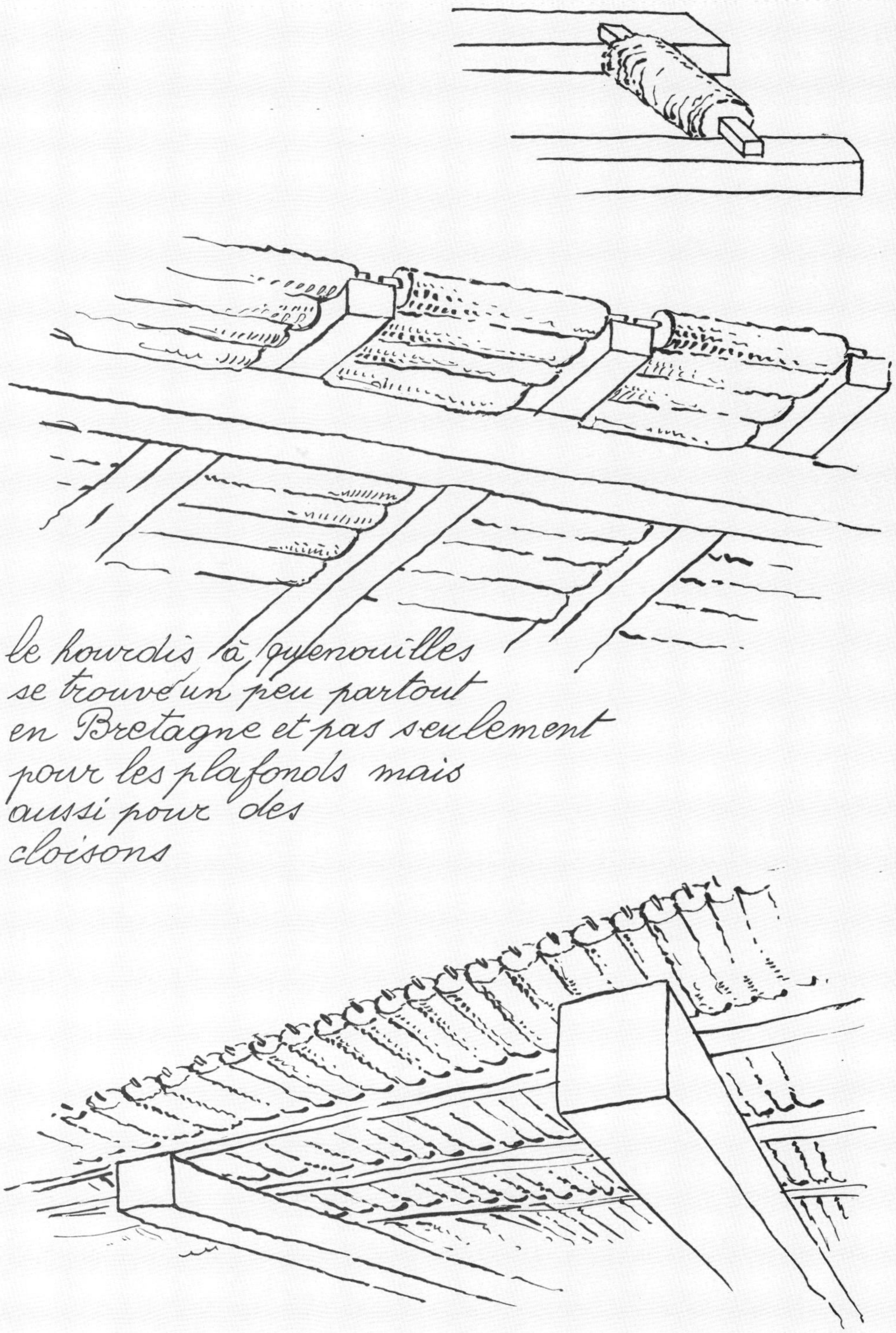

Le lignolet est la rangée d'ardoises formant faîtage lorsqu'elle dépasse légèrement la ligne supérieure de la toiture du côté adossé aux vents dominants. Souvent, une ardoise se démarque du reste de la rangée par une fine découpe décorative et souvent chargée de symboles.

Lignolet

■ **Lattis :** ensemble de lattes fixées sur un support et destinées à recevoir un enduit ou une couverture.

■ **Laye :** outil tranchant, emmanché comme une petite hache, qui sert à dresser la face d'une pierre de taille à l'aide de coups rapprochés.
La trace de ces coups est le layage.

■ **Lierne :** planche intégrée dans un mur de pisé pour éviter les lézardes.

■ **Lignolet :** rangée supérieure d'ardoises formant faîtage.

■ **Limande :** planche de bois plate et étroite.

■ **Limon :** au sens géotechnique, dépôt très fin, riche en grains de quartz de 0,2 à 0,02 mm, mêlés à des argiles.

■ **Linteau :** pièce de bois longue et mince qui reçoit le pisé ou le plâtre, où à laquelle on accroche les tuiles, parfois les ardoises.

■ **Lit :** couche horizontale d'un liant ou de pierres.

■ **Longère :** se dit d'un bâtiment développé en longueur dont toutes les parties sont égales et sous un toit unique.

■ **Longueurs :** toise : 1,94 m ; ligne : 1/12 de pouce = 0,22 cm ; pied : 1/12 de toise = 32,48 cm ; pouce : 1/12 de pied = 2,7 cm.

■ **Lucarne :** fenêtre dans le toit d'un bâtiment qui est placée d'aplomb et qui sert à donner du jour aux combles.

M

■ **Manteau :** partie de la cheminée faisant saillie au-dessus du foyer.

■ **Marques de statut :** peut-être davantage à la campagne qu'en ville, où le surnombre engendre l'anonymat, le besoin de se distinguer, d'affirmer sa fonction, de témoigner de ses capacités se fait sentir. Il est à l'origine d'innombrables signes sculptés, peints ou à peine tracés, essentiellement sur l'extérieur de la maison.

■ **Mémorphisme** (*de contact*) **:** la roche, qui s'est trouvée proche du magma granitique lorsque celui-ci s'est mis en place, a subi une forte élévation de température qui a provoqué une recristallisation fine de la roche encaissante. Ce type de métamorphisme, affectant surtout les schistes, ne se développe que sur quelques centaines de mètres autour des massifs granitiques.

■ **Meneau :** élément de pierre vertical qui sert à diviser une baie.

■ **Micacées** (*roches*) **:** roches renfermant des micas.

■ **Micas :** minéraux silicatés en feuillets à éclat vif. Les paillettes de micas blancs ont un aspect argenté. Celles de micas noirs sont très noires quand le minéral n'est pas altéré. Un début d'altération leur fait perdre leur éclat et leur confère une teinte rouille soutenue. Localement ces micas noirs altérés sont appelés « or des chats ».

■ **Modénature :** ensemble des profils et des proportions des moulures d'une pièce d'architecture.

Module : mesure conventionnelle déterminant les proportions relatives d'une construction.

■ **Moellon :** petite pierre non taillée ou partiellement taillée.

■ **Moise :** assemblage de deux pièces plates boulonnées de part et d'autre d'une pièce qui risque de ne plus remplir son office.

■ **Mortaise :** ouverture en fourchette faite dans une pièce de bois, en général dans le tiers de son épaisseur, pour y recevoir le tenon.

■ **Mortier :** mélange de chaux éteinte et de sable délayé dans de l'eau, servant à lier ou à recouvrir les pierres.

Lucarnes

Lucarnes

■ **Mur :** ouvrage de maçonnerie vertical limitant un volume et susceptible d'être porteur.

N

■ **Noquet :** joint métallique imbriqué avec des éléments plats de couverture pour assurer l'étanchéité des raccords.

Comme les portes, les lucarnes des maisons de Bretagne présentent une infinie variété de formes, de structures, de matériaux et de décors.

■ **Noue :** angle rentrant formé par la rencontre des versants de deux pans de toits.

■ **Nu :** alignement vertical de la surface la plus importante d'une façade. C'est par rapport au nu que l'on indique la valeur des retraits ou des saillies des éléments de toitures.

O

■ **Œil-de-bœuf :** petite fenêtre ronde ou ovale.

■ *Opus incertum* **:** appareillage irrégulier où les pierres sont empilées sans ordre.

■ **Orthostate :** plaque de schiste de grandes dimensions.
Posées debout, les orthostates constituent les murs d'une habitation.

■ **Ossature :** squelette n'ayant pas encore reçu son remplissage et formant la partie porteuse d'une construction.

Les marques de statut, innombrables signes sculptés, peints ou à peine tracés, essentiellement à l'extérieur de la maison, expriment le besoin de se distinguer, d'affirmer sa fonction, de témoigner de ses capacités.

Marques de statut

P

■ **Palançon :** latte de bois refendue clouée sur les colombes, le colombage, pour retenir le torchis.

■ **Palâtre :** arrière-linteau en bois des ouvertures.

■ **Palis :** dalles (schisteuses dans le Redonnais) enfoncées sur le chant pour constituer une palissade.

■ **Pan de bois :** ossature d'un mur de bâtiment, constituée par des poteaux et des poutres en bois qui assurent la stabilité et dont les intervalles sont occupés par des matériaux de remplissage.

■ **Panne :** longue pièce de bois fixée sur le chant, passant en travers sur les fermes et destinée à recevoir les chevronnages.

■ **Parement :** côté apparent du mur qui a reçu un travail de finition à cet effet.

■ **Parpaing :** pierre qui occupe toute l'épaisseur d'un mur.

■ **Pas de porte :** se dit du seuil, s'il est constitué de quelques marches aménagées à l'intérieur de l'embrasure.

■ **Pavillon (*toit en*) :** toit à quatre pentes couvrant un bâtiment de plan carré.

■ **Pavillon :** partie de bâtiment placée soit à l'extrémité, soit au centre d'un édifice dont elle se distingue.

■ **Penture :** bande de fer forgé terminée par un œil qui s'engage dans un gond, et qui sert à suspendre et à réconforter les vantaux d'une porte.

■ **Perron :** ensemble de marches établies devant une porte d'entrée et dont la dernière forme palier.

■ **Petit bois :** traverses étroites qui compartimentent une fenêtre.

■ **Phréatique (*nappe*) :** nappe libre, le plus souvent à peu de profondeur et donc facilement atteinte par les pluies (mais aussi fragile vis-à-vis des pollutions).

■ **Pied-droit :** limite verticale d'une baie dans toute l'épaisseur du mur.

■ **Pierrée :** conduit en pierres sèches pour l'écoulement des eaux.

■ **Pierres de rang :** pierres taillées au ciseau, toutes de mêmes dimensions.

■ **Pierres sèches (*mur de*) :** procédé très ancien consistant à monter un mur à sec, sans mortier.

■ **Pignon :** partie des murs qui s'élève en triangle et sur laquelle porte l'extrémité de la couverture.

■ **Pisé :** matériau composé de terre argileuse séchée et ne comportant pas de paille, que l'on comprime sur place ; technique de mise en place d'un mortier de terre et de fibres végétales par couches successives compactées entre des banches (encaissements mobiles).

■ **Poinçon :** pièce de bois verticale sous le faîte d'un bâtiment et qui sert à l'assemblage des fermes.

■ **Poitrail :** grosse poutre qui sert à soutenir un mur de face ou un pan de bois.

■ **Porte :** la porte est faite d'un ou de plusieurs panneaux de matériaux divers et pivote sur des gonds. Son rôle décoratif est essentiel : ce support permet aux maçons et aux menuisiers d'exercer pleinement leur art et à son propriétaire d'en tirer une légitime fierté.

■ **Poteau :** toute pièce de bois porteuse posée debout.

■ **Poutre :** la plus grosse pièce de bois entrant dans un bâtiment et servant de support horizontal.

■ **Primaire :** ère primaire : époque géologique comprise entre 540 et 230 millions d'années ; forêt primaire : forêt naturelle dont la variété des essences n'a pas été modifiée par une action anthropique.

Pan de bois

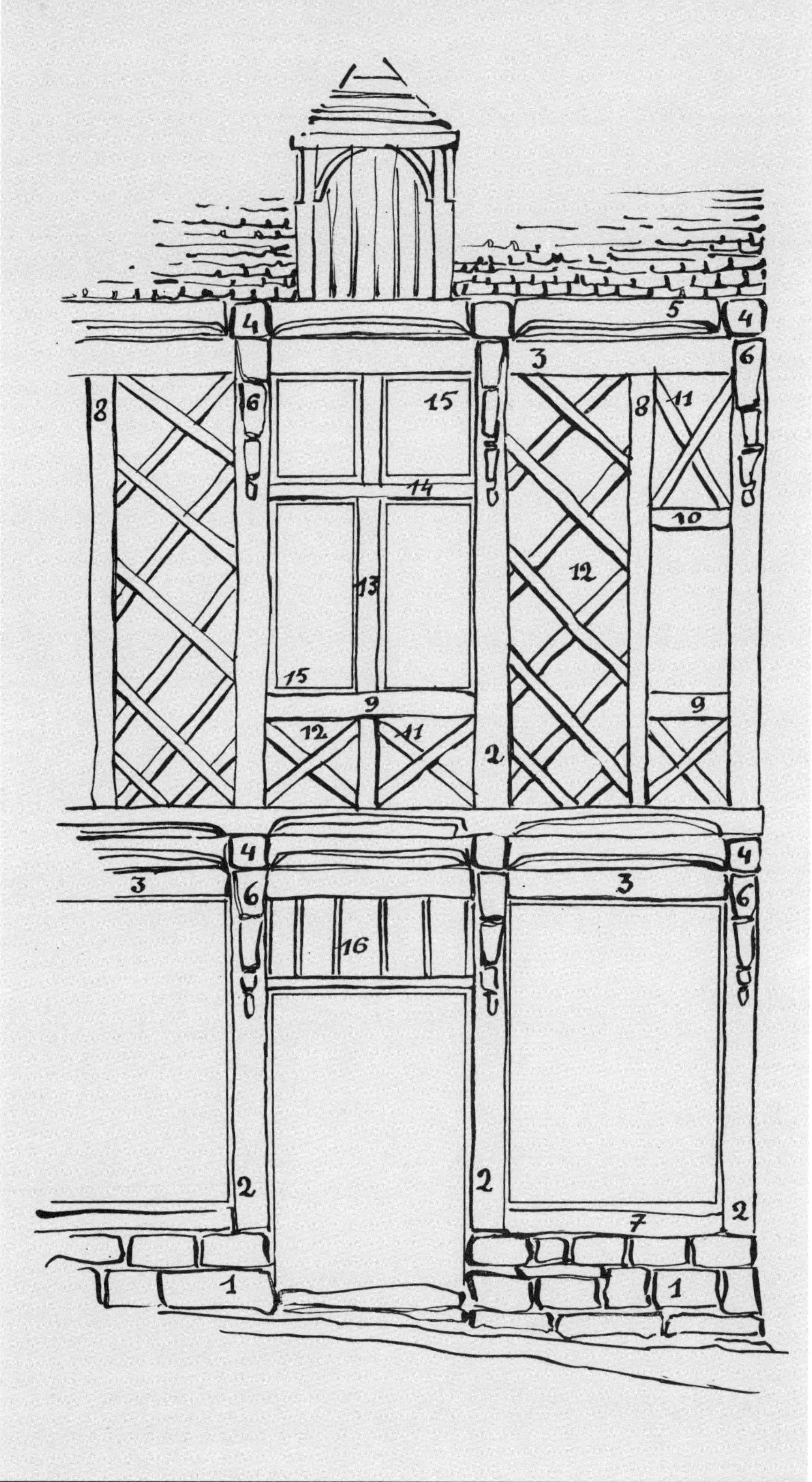

Vocabulaire et structure des pans de bois relevés sur les maisons des bourgs et des villages de Bretagne.

1. soubassement
2. poteau cornière
3. poitrail
4. tête de poutre
5. entretoise
6. console
7. sablière
8. potelet
9. appui
10. linteau
11. croix de Saint-André
12. torchis
13. meneau
14. croisillon
15. ouverture
16. imposte

▪ **Pureau :** partie apparente de l'ardoise ou d'une tuile après pose, à la rigueur d'un bardeau.

Q

▪ **Quartz :** minéral composé de silice pure cristallisée. Dans les granites, les gneiss et les migmatites, il se présente en cristaux gris translucides, plus ou moins sombres. En filons ou filonnets, il est d'aspect blanc laiteux. Ce minéral, de bonne résistance chimique et mécanique, se retrouve fréquemment en blocs épars, de dimensions variées, dans les chemins et dans les champs. Ces blocs peuvent être superficiellement colorés en rouille par dépôt pelliculaire d'hydroxydes ferriques.

▪ **Quaternaire (*ère*) :** période géologique se situant entre il y a 1,6 millions d'années et notre époque.

▪ **Quenouille :** barreau de bois, généralement de châtaignier, autour duquel est enroulé du foin mélangé à de la barbotine.

▪ **Queue :** partie de pierre prise dans la construction, par opposition à la tête, face apparente d'un parement.

R

▪ **Ragréer :** action de repasser le marteau ou la ripe au parement des murs de pierre pour les polir et les rendre de texture unie.

- **Rampant :** désigne toute partie de construction qui n'est ni horizontale ni verticale (rampant du toit, rampant d'un pignon, lucarne rampante).

- **Refend :** mur porteur intérieur montant de fond.

- **Remplage :** dans une fenêtre, ensemble des structures fixes en pierres qui la divisent en hauteur et en largeur.

- **Rive :** bord latéral de la toiture.

- **Rucher :** construction généralement à couvert, dans un lieu abrité des vents et légèrement ombragé, dans laquelle peuvent se placer les ruches – en liège, en bois, en paille, en osier, etc. Celles-ci comportent, en leur partie inférieure, un trou de vol permettant aux abeilles d'entrer et de sortir.

S

- **Sablière :** pièce de bois placée longitudinalement sur le haut du mur pour recevoir le pied des chevrons.
Dans la construction à pans de bois, c'est la pièce horizontale qui reçoit les abouts des poteaux à chaque niveau d'étage.

- **Saillie :** partie d'une construction avançant sur le nu d'un mur.

- **Schistes :** roches caractérisées par leur débit en feuillets acquis lors de périodes de déformation de l'écorce terrestre (voir à métamorphisme). Cette aptitude à se déliter en plaques est plus facilement acquise par d'anciennes vases consolidées ou par d'anciens limons (schistes pourprés du pays de Brocéliande), consolidés au cours des temps géologiques puis ayant subit des plissements.

- **Seuil :** pierre ou pièce de bois recouvrant la partie inférieure de l'ouverture d'une porte.

- **Solage :** fondation d'un édifice.

- **Sole :** sablière basse qui repose sur le soubassement en maçonnerie.

- **Solin :** couvre-joint entre un versant de toit et un mur ou la souche d'une cheminée.

- **Solive :** pièce de bois horizontale qui supporte un plancher.

- **Soubassement :** partie inférieure d'une construction sur laquelle porte l'édifice.

- **Souche de cheminée :** partie de la cheminée qui déborde le toit.

- **Soupirail :** ouverture dans le solage pour aérer et éclairer la cave.

T

- **Tabatière :** châssis ou fenêtre ayant la même inclinaison que le toit sur lequel on l'adapte.

- **Talon :** moulure composée de deux quarts de cercle, l'un concave par le bas, l'autre convexe par le haut (contraire de la doucine).

- **Tasseaux :** pièces portant les pannes.

- **Temps :** partie du mur sans ouverture, formant repos et interrompant ou élargissant le rythme des percées de baies.

- **Tenon :** extrémité d'une pièce de bois ou d'une pierre taillée de manière à s'ajuster dans une entaille, la mortaise, prévue à cet effet.

- **Tertiaire (*ère*) :** époque géologique entre 65 et 5 millions d'années. Les faluns du Quiou-Tréfumel et ceux de Chartres-de-Bretagne sont âgés d'environ 20 millions d'années. Les latérites sont classiquement attribuées au début de l'ère tertiaire, vers 40 millions d'années.

- **Tirant :** pièce de bois ou de fer arrêtée aux deux extrémités pour empêcher un écartement.

- **Torchis :** mortier composé de terre grasse (argileuse) et de paille hachée, utilisé comme remplissage notamment dans les pans de bois.

■ **Tore :** moulure pleine, ronde ou en amande.

■ **Travée :** espace compris entre deux points d'appui principaux d'une construction ; portion de voûte comprise entre deux supports.

■ **Traverse :** pièce de liaison horizontale divisant une baie.

■ **Trianguler :** rendre un ensemble indéformable grâce à une disposition des pièces d'assemblage en triangle.

■ **Trou de boulin :** trou dans le parement d'un mur destiné à recevoir une pièce de bois.

■ **Tuffeau** (*ou tufeau*) **:** variété de calcaire tendre.
Le tuffeau de Touraine est un mélange de débris coquilliers et de sables quartzeux.

■ **Tuile :** carreau en terre cuite pour couvrir les toits.

V

■ **Vantail :** partie mobile d'une porte, d'une fenêtre, d'un volet.

■ **Ventre** (*faire*) **:** se dit d'un mur se déformant sous l'effet d'une charge.

■ **Versant :** plan incliné d'un toit.

Portes

Portes

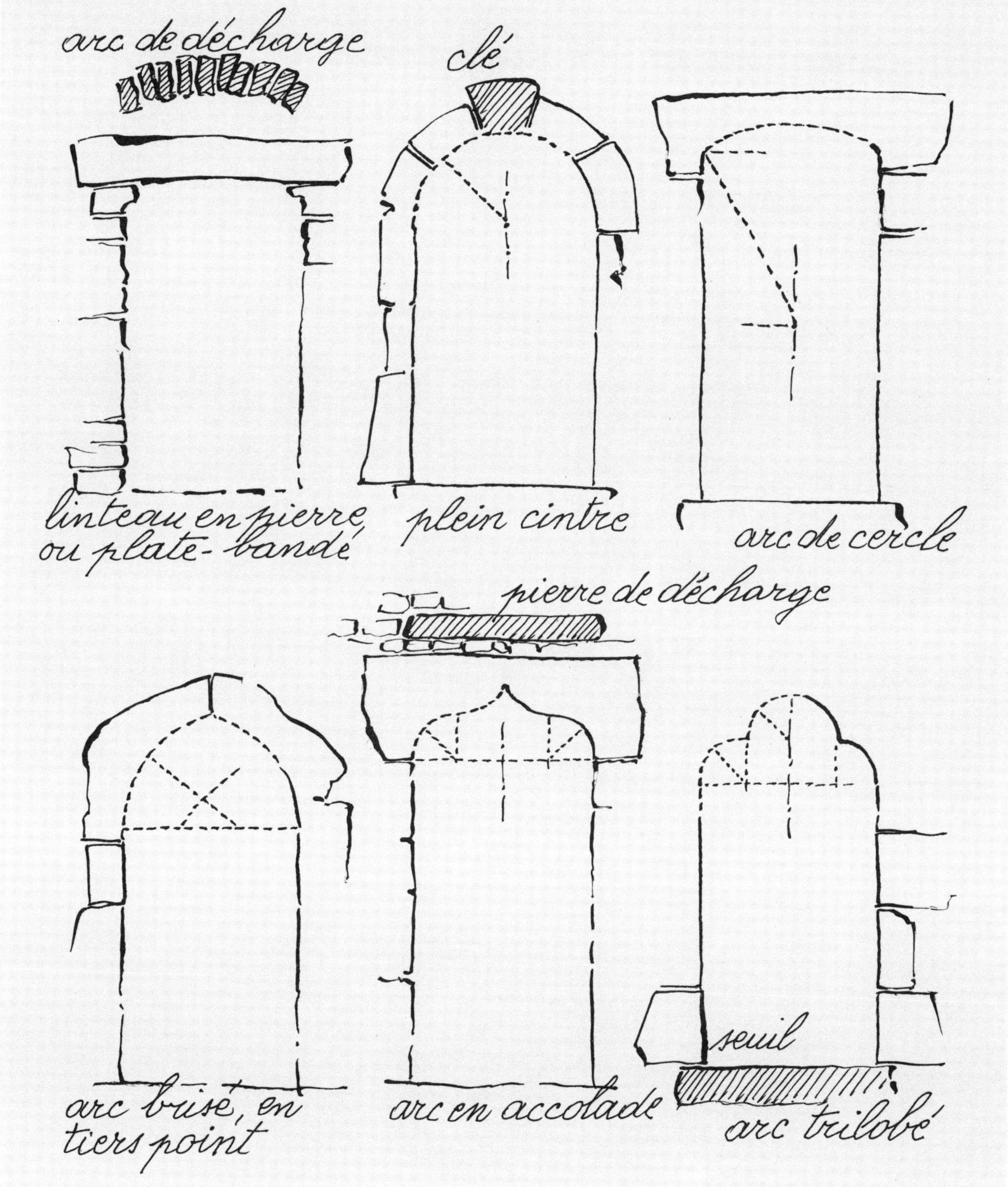

À chaque maison sa porte, à chaque porte sa fonction... Dans la maison bretonne, il est impossible de définir un type de porte propre à chaque terroir, les proportions et les matériaux utilisés variant au gré de la fonction du bâtiment et du souci esthétique du constructeur.

Rucher

Autrefois, en Bretagne, le rucher était presque toujours une construction couverte, établie dans un lieu abrité des vents et légèrement ombragé, dans laquelle se disposaient des ruches en liège, en bois, en paille ou en osier.

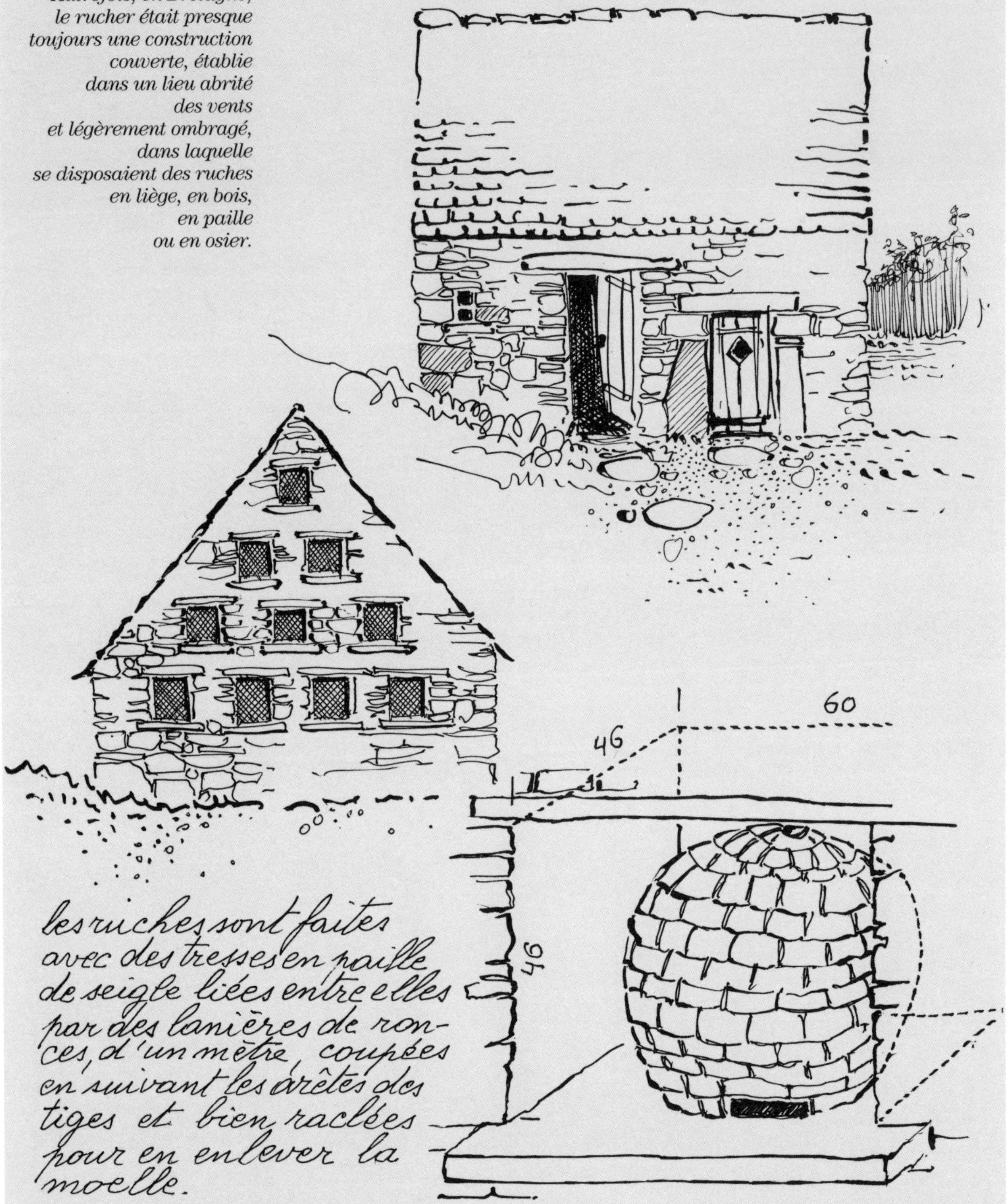

■ **Volée :** partie d'escalier entre deux paliers successifs.

■ **Volet :** panneau de bois ou de tout autre matériau, servant à fermer une baie de fenêtre ou de porte.

■ **Voliges :** planches de faible épaisseur, jointives ou non, sur lesquelles sont fixées les ardoises ou les tuiles.

■ **Voussoir :** pierre taillée en forme de coin et que l'on retrouve dans une voûte ou une arcade.

■ **Voûte :** ouvrage de maçonnerie cintrée, formé d'un assemblage de pierres qui s'appuient les unes sur les autres.

Souches de cheminée

Pas de logis sans feu, pas d'habitat ancien sans souche de cheminée, pas de maison traditionnelle sans cet élément significatif du pays et, faite pour être vue de loin et d'en bas, véritable « couronnement » de la construction.

Du bon état de cet élément relativement vulnérable dépend le bon fonctionnement de la cheminée, donc le bon confort de l'habitation et le bien-être de ses habitants. L'importance de conserver les souches anciennes – massives ou très travaillées, en moellons ou en pierres de taille, enduites ou non, simples ou soigneusement appareillées, de toutes les proportions et dimensions possibles – est donc évidente, tout en les consolidant si besoin est.

Généralement, la souche de cheminée est plus épaisse que le pignon et déborde du côté du faîtage. Traditionnellement, et avec raison, sa partie supérieure va en décroissant, la transition entre la partie verticale et la pente de rétrécissement, le « chapeau », étant alors accusé par une saillie, une petite corniche moulurée, voire importante et finement sculptée.

Il n'y avait jamais de saillie terminale ; il faut donc éviter de terminer la souche par un rebord, en ciment ou non, quand il s'agit de restaurer ou de réhabiliter un immeuble ancien.

Petit détail à ne pas gommer puisqu'il « raconte » une partie de l'histoire propre au pays : la petite dalle de pierre en saillie que chaque souche comportait obligatoirement quand les constructions étaient couvertes de chaume et qui, afin de protéger la couverture, écartait l'eau de pluie ruisselant le long de la cheminée.

Adresses utiles

Associations

■ **Association des Compagnons du Devoir du Tour de France - Fédération régionale compagnonnique des métiers du bâtiment**
29, rue de l'Indre - 44000 Nantes
Tél. : 03 40 47 58 95

■ **Association Ouvrière des Compagnons du Devoir**
2, rue Jules-Verne - 35000 Rennes
Tél. : 02 99 65 14 00
7, rue d'Armorique - 29200 Brest
Tél. : 02 98 05 19 73
48, quai Malakoff - 44000 Nantes
Tél. : 02 40 47 04 18

■ **Union Compagnonnique**
Chemin Agricol-Perdignier
35000 Rennes
Tél. : 02 99 30 37 19
14, rue Claude-Guillon-Verne
44100 Nantes
Tél. : 02 40 69 30 55

■ **Association TIEZ BREIZ - Maisons et Paysages de Bretagne**
10, rue du Général Nicolet
35200 Rennes
Tél. : 02 99 53 53 03

■ **Communes du Patrimoine Rural**
12-14, rue du Pré-Botté
35000 Rennes
Tél. : 02 99 79 24 20

■ **Conseil Architecture, d'Urbanisme et d'Environnement (CAUE)**
- Côtes-d'Armor :
9, place du Général de Gaulle
22000 Saint-Brieuc
Tél. : 02 96 61 51 97
- Morbihan :
13 bis, rue Olivier-de-Clisson
56000 Vannes
Tél. : 02 97 54 17 35
- Loire-Atlantique :
1, rue Roi-Albert - 44000 Nantes
Tél. : 02 40 35 45 10

■ **Europa Nostra**
35, Lange Voorhout
2514 - E.C. La Haye - Pays Bas

■ **La Demeure Historique**
57, quai de la Tournelle
75005 Paris
Tél. : 01 43 29 02 86

■ **Le Club du Vieux Manoir**
10, rue de la Cossonnerie
75001 Paris
Tél. : 01 45 08 80 40

■ **Maisons Paysannes de France**
32, rue Pierre-Semard
75009 Paris
Tél. : 01 42 82 12 24

■ **Ordre des Architectes (Bretagne)**
29, rue de la Chalotais - BP 7547
35075 Rennes
Tél. : 02 99 79 12 00

■ **PACT ARIM Bretagne**
22, rue Poullain-Duparc
35000 Rennes
Tél. : 02 99 79 51 32
- Ille-et-Vilaine :
Même adresse
Tél. : 02 99 78 15 98
- Côtes-d'Armor :
51, rue Gouédic
22000 Saint-Brieuc
Tél. : 02 96 62 22 00
- Morbihan :
7, place de la République
56000 Vannes
Tél. : 02 97 01 20 00

- Finistère :
41, rue Pen-Ar-Steir
29000 Quimper
Tél. : 032 98 95 67 37

■ **PACT-ARIM Pays de Loire**
33, rue Lamorivière
44000 Nantes
Tél. : 02 40 44 99 44

■ **Services Départementaux de l'Architecture - Agences des Bâtiments de France**
- Côtes-d'Armor :
9, place du Général de Gaulle
22000 Saint-Brieuc
Tél. : 02 96 61 88 44
- Finistère :
3, rue Barz-Cadiou
29000 Quimper
Tél. : 02 98 95 32 02
- Ille-et-Vilaine :
3, avenue de Cucillé - BP 67 A
35031 Rennes cedex
Tél. : 02 99 02 85 10
- Morbihan :
31, rue Thiers
56000 Vannes
Tél. : 02 97 47 18 15

- Loire-Atlantique :
1, rue Dervallières
44000 Nantes
Tél. : 02 40 20 59 59

■ **REMPART**
1, rue des Guillemites
75004 Paris
Tél. : 01 42 71 96 55

■ **Société pour la Protection des Paysages et de l'Esthétique de la France (sites et monuments)**
39, avenue de la Motte-Piquet
75007 Paris
Tél. : 01 47 05 37 71

■ **Union pour la Charte de Qualité du Patrimoine Architectural Breton (UCQPAB)**
22, rue Poullain-Duparc
35000 Rennes
Tél. : 02 99 79 51 32

■ **Vieilles Maisons Françaises**
93, rue de l'Université
75007 Paris
Tél. : 01 40 62 61 71

Organismes publics

Archives départementales

- Côtes d'Armor :
7, rue François-Merlet
22000 Saint-Brieuc
Tél. : 02 96 78 78 77

- Finistère :
5, rue Henri-Bourde de la Rogerie
29000 Quimper
Tél. : 02 98 95 91 91

- Ille-et-Vilaine :
20, avenue Jules-Ferry
35200 Rennes
Tél. : 02 99 38 03 70

- Loire-Atlantique :
6, rue Bouillé - 44000 Nantes
Tél. : 02 51 72 93 20

- Morbihan :
80, rue Vénètes - 56000 Vannes
Tél. : 02 97 46 32 52

Caisse Nationale des Monuments Historiques
62, rue Saint-Antoine - 75004 Paris
Tél. : 01 44 61 20 00

Direction Régionale des Affaires Culturelles de Bretagne (DRAC)
Hotel de Blossac
6, rue du Chapitre - 35000 Rennes
Tél. : 02 99 29 67 67

Centre d'Information et de Documentation
Tél. : 02 99 29 67 06

Services patrimoniaux :

- Service régional
de l'Inventaire :
Tél. : 02 99 29 67 61

- Ethonologie :
Tél. : 02 99 29 67 05

- Conservation Régionale des Monuments Historiques :
Tél. : 02 99 29 67 37

- Institut Régional du Patrimoine (IRPA) :
Tél. : 02 99 29 67 63

Pays de Loire
1, rue Stanislas-Baudry
44035 Nantes cedex 01
Tél. : 02 40 14 23 00

- Centre de Documentations et d'Informations :
Tél. : 02 40 14 23 03

- Service Régional de l'Inventaire :
Tél. : 02 40 14 23 50

Direction de l'Aménagement et de l'Environnement (DAE) - Conseil général d'Ille-et-Vilaine
4, rue Robert-d'Arbrissel - BP 1341
35016 Rennes cedex
Tél. : 02 99 28 01 05

Direction Régionale de l'Environnement (DIREN)
« Le Magister »
6, cours Raphaël-Binet
35000 Rennes
Tél. : 02 99 65 35 36

Ministère de la Culture - Direction du Patrimoine
3, rue de Valois - 75001 Paris
Tél. : 01 40 15 80 00